能动司法的
表达与实践

王杏飞 ● 著

厦门大学出版社 国家一级出版社
XIAMEN UNIVERSITY PRESS 全国百佳图书出版单位

内容简介

2008年,由美国次贷危机引发的全球金融危机给我国经济社会发展带来了严峻的挑战,也对人民法院的审判、执行工作产生了深刻的影响。为了有效应对金融危机,妥善化解社会矛盾,为党中央作出的"保增长、保民生、保稳定"提供司法服务,最高人民法院在总结一些地方法院实践经验的基础上,提出了能动司法理念并在实践中加以推进。最高人民法院所倡导的能动司法,核心内容是要求人民法院与法官"为大局服务,为人民司法",强调司法的服务性、主动性与高效性。能动司法不同于西方国家以三权分立、违宪审查、司法独立、高素质的法官为条件的司法能动主义。最高人法院提出能动司法理念,既有应对金融危机的外在因素,也是继承和发扬人民司法优良传统,寻求中国司法的自主发展道路的探索。当前,对能动司法理念还存在不同的认识,有关能动司法的制度规范与理论体系还没有建立,对能动司法的实践效果也有不同的评价。本书对法院调解、审判中的事实认定、法律适用、法院阐明、民事执行与司法建议等能动司法实践作了具体评析。

目 录

绪 论 …………………………………………………………… 1

上篇　能动司法的基本理解

第一章　能动司法的提出 ………………………………… 5
第一节　最高人民法院工作报告中的"能动司法" ……… 5
第二节　大法官论能动司法 ……………………………… 6
第三节　学术界论能动司法 ……………………………… 12
第四节　本章小结 ………………………………………… 16

第二章　能动司法的基本涵义 …………………………… 22
第一节　对我国能动司法的认识 ………………………… 22
第二节　对西方司法能动主义的理解 …………………… 24
第三节　本章小结 ………………………………………… 30

下篇　能动司法的若干实践评析

第三章　能动司法与法院调解 …………………………… 35
第一节　法院调解理念与制度的变迁 …………………… 36
第二节　法院调解实践的评析 …………………………… 39
第三节　本章小结 ………………………………………… 51

第四章　能动司法与事实认定 …………………………… 53
第一节　事实认定方式的变化 …………………………… 53
第二节　能动司法与事实认定 …………………………… 59

第三节　本章小结 …………………………………… 68
第五章　能动司法与法律适用 …………………………… 69
　　第一节　法律适用困难的两种主要类型 ……………… 71
　　第二节　能动司法与疑难案件的法律适用 …………… 74
　　第三节　本章小结 …………………………………… 85
第六章　能动司法与法院阐明 …………………………… 86
　　第一节　阐明的概念、性质与价值 …………………… 88
　　第二节　阐明的理念基础 ……………………………… 92
　　第三节　阐明的具体化 ………………………………… 96
　　第四节　本章小结 …………………………………… 100
第七章　能动司法与民事执行 …………………………… 101
　　第一节　能动司法与民事执行救助 ………………… 102
　　第二节　能动司法与主动执行 ……………………… 110
　　第三节　本章小结 …………………………………… 121
第八章　能动司法与司法建议 …………………………… 122
　　第一节　司法建议的形成与发展 …………………… 123
　　第二节　司法建议的规范依据 ……………………… 127
　　第三节　司法建议的功能 …………………………… 130
　　第四节　本章小结 …………………………………… 138
结　　论 …………………………………………………… 140
致　　谢 …………………………………………………… 141
主要参考文献 ……………………………………………… 146

绪　论

2008年,由美国次贷危机引发的全球金融危机给我国经济社会发展带来了严峻的挑战,也对人民法院的审判、执行工作产生了深刻的影响。受金融危机的影响,人民法院受理案件数量明显增多,审理、执行难度不断加大。为了有效应对危机,妥善处理纠纷、化解矛盾,为"保增长、保民生、保稳定"提供司法保障与司法服务,最高人民法院在深入调研的基础上,结合地方各级人民法院的探索与实践,提出了能动司法理论,用以指导各级人民法院"为大局服务,为人民司法"。

从2009年至2012年,"能动司法"连续四年出现在最高人民法院的工作报告中。最高人民法院通过发布司法解释、司法文件、开展"践行能动司法理念优秀案例"、优秀司法建议评选活动等多种方式引导、指导能动司法实践。全国各级人民法院与广大法官践行能动司法理念,在实践中出现了一些新的探索。

在司法能动主义的发源地美国,司法能动主义受到了非常广泛的关注与持续的研究,进入本世纪以来,期刊文献以每年数百篇的数量在增长。然而,迄今为止,司法能动主义仍然是一个缺乏统一、清晰界定的概念。对司法能动主义在实践中的是非功过也存在截然相反的评价。可以说,关于司法能动主义的争议从来没有停止过。

在我国,早在上个世纪90年代,就有学者提出司法改革的目标是建立独立、开放与能动的司法制度。① 近年来,"能动司法"成为学术界研究的热点问题,以"能动司法"为主题的论文近 300 篇,报纸文章 500 余篇,学位论文 40 余篇。

然而,迄今为止,我们对能动司法的理论认识仍然是不完全统一的。基于学术自由的立场,作为理论研究范畴的能动司法可以是多元多样的。但作为指导实践的司法哲学、司法理念、司法方法,无疑应该是确定、统一、权威的。从实践来看,各级人民法院践行能动司法的方式是多样的。社会各界的评价也是褒贬不一。在这种背景之下,从学理的角度,对我国能动司法的提出背景、基本涵义进行系统分析,对相关司法实践进行评析,就具有一定的理论价值与现实意义。本书在对能动司法的理论范畴进行分析时,主要运用比较的方法,辨析我国能动司法与西方司法能动主义之间的相互关系。鉴于司法权的基本职能是依法裁判案件,在对相关实践进行分析时,围绕人民法院审判职能的履行与审判职能的延伸两个方面展开。前者以审判权中判决与调解的关系、事实认定、法律适用、法院阐明以及保障生效裁判权利得以实现的执行为分析对象,后者以司法建议为例。

---

① 周汉华:《论建立独立、开放与能动的司法制度》,载《法学研究》1999 年第 5 期。

上篇

能动司法的基本理解

第一章
能动司法的提出

第一节　最高人民法院工作报告中的"能动司法"

"能动司法"连续四年(2009—2012)在最高人民法院的工作报告中出现。第一次是在《最高人民法院工作报告》(2009年)第一部分"加强民事审判工作,为促进经济发展、维护人民权益提供司法保障"中,具体的文字表述为:"加强对国际金融危机的司法应对。针对国际国内经济形势的发展变化和企业的生产经营状况,最高人民法院加强调查研究,提出能动司法的要求,适时调整司法政策;制定适用合同法、保险法等11个司法解释,确保法律适用标准的统一和规范;及时制定审理企业破产、公司清算、房地产、劳动争议案件等14个司法文件,指导地方各级法院妥善审理相关案件。各级法院在尊重司法规律的同时,积极主动地开展工作,及时就审判活动中发现的可能影响经济发展的重大问题向有关部门提出司法建议;各地法院围绕国家出台的区域经济发展规划,完善司法保障措施,促进经济协调发展。"

能动司法在《最高人民法院工作报告》(2010年)中仍然是出现在第一部分"高度关注经济社会发展的司法需求,努力为经济社会又好又快发展服务",具体表述为:"最高人民法院始终坚持能动司法理念,指导地方各级人民法院找准审判工作服务经济社会发展大局的切入点,为促进经

济社会又好又快发展提供有力司法保障。"

在《最高人民法院工作报告》(2011年)中,"能动司法"出现在报告关于2012年工作部署部分,"一要着力发挥审判职能,为经济社会发展提供更加有力的司法保障。坚持能动司法,紧紧围绕科学发展这个主题和加快转变经济发展方式这条主线,把握好稳中求进的工作总基调,根据形势发展变化,加强司法应对,搞好司法服务;妥善化解因经济结构调整引发的矛盾纠纷,为经济转型升级提供司法保障;正确把握宽严相济刑事政策,依法惩治刑事犯罪,注重保障人权,维护社会稳定;坚持'调解优先、调判结合',妥善审理事关民生的各类案件,加大知识产权司法保护力度,推进解决执行难、涉诉信访化解难等突出问题;通过审判案件和法制宣传,坚持惩恶扬善,维护社会公德,鼓励诚实守信,弘扬良好风尚"。

在《最高人民法院工作报告》(2012年)中,"能动司法"出现在关于2013年工作安排中的第一部分,"第一,努力为经济社会发展提供有力司法保障。全面贯彻党中央关于经济社会发展的重大部署,加强调查研究,坚持能动司法,妥善审理深化经济体制改革、实施创新驱动发展战略、推进经济结构调整中发生的各类案件,及时提出司法建议,促进经济发展方式加快转变"。

在2009年、2010年的工作报告中,"能动司法"出现在关于民事审判工作的部分。据此似乎可以推断,这一阶段最高人民法院认为,能动司法主要适用于民商事案件的审判与执行工作中。在2011年、2012年的工作报告中,"能动司法"均出现在关于下一年度工作部署与工作安排中,并且"能动司法"的适用范围有所扩展,不仅适用于民事司法,也适用于行政、刑事案件的处置。

第二节　大法官论能动司法

2009年6月,最高人民法院院长王胜俊在宁夏调研时发表了《坚持能动司法服务大局》的讲话,指出:

第一章 能动司法的提出

我们不能片面地强调司法独立、中立、被动,要坚持能动司法,将司法融入大局,以司法服务大局。国际金融危机发生以后,最高人民法院积极研究新情况新问题,出台了《关于为维护国家金融安全和经济全面协调可持续发展提供司法保障和法律服务的若干意见》《关于正确审理企业破产案件为维护市场经济秩序提供司法保障若干问题的意见》、《关于应对国际金融危机做好当前执行工作的若干意见》,各地法院也出台了相应的司法政策和决策,积极主动地为经济快速平稳发展提供有力的司法保障和良好的司法服务;2008年年底我到山东调研,结合人民法院应对国际金融危机的冲击,提出"四个高度关注",要求高度关注经济形势的发展变化,高度关注市场运行和企业经营状况,高度关注民生问题,高度关注社会稳定,这些都体现了能动司法。当前,我国经济发展形势正在回暖,但"四个高度关注"还要继续坚持。要紧紧围绕"保增长、保民生、保稳定"这个大局,狠抓执法办案这个第一要务,充分发挥人民法院的职能作用,更好地为大局服务,为人民司法。

2009年8月28日,在江苏省高级人民法院调研座谈会上王胜俊同志指出:坚持能动司法,是新形势下做好人民法院工作的必然选择。人民法院要把坚持能动司法作为深化社会主义法治理念教育,推进法院工作"为大局服务,为人民司法"的一个重要切入点,深化研究、深化教育、深化实践,充分发挥能动司法的积极作用,切实履行好中国特色社会主义事业建设者和捍卫者的政治责任。

王胜俊同时还指出,我们所讲的能动司法,与西方一些国家所讲的能动司法的概念、内涵、实质由于国情的不同,在理念上、实践上是完全不一样的。中国的能动司法具有服务性、主动性和高效性三个显著特征。

要从中国各方面的实际情况出发来理解和实践能动司法。从根本上看,能动司法就是要发挥司法的主观能动性,积极主动地为党和国家工作大局服务,为经济社会发展服务。能动司法是服务型司法:服务于经济发展、维护社会稳定、促进社会和谐、保障人民权益。能动司法是主动型司法:主动开展调查研究,分析研判形势;主动回应社会需求,改进工作;主动延伸审判职能,参与社会治理;主动加强沟通协调,形成工作合力。能动司法是高效型司法:根据社会发展要求,未雨绸缪,提前应对,努力把纠纷解决在萌芽状态。

2009年,江苏省高级人民法院院长公丕祥发表长文论述司法能动,明确提出中国应该走司法能动之路,其提出的主要理据在于:

第一,人民司法的政治性。人民法院是中国共产党领导下的审判机关,司法权是重要的执政权,人民法院要将司法工作纳入党和国家工作大局中加以谋划和推进,积极主动服务于党和国家的工作大局。

第二,人民司法的人民性。国家的一切权力属于人民,人民性是司法的本质属性。这就决定了人民法院的司法审判活动必须切实维护好、实现好人民群众的合法权益,主动加强与人民群众的联系。

第三,我国司法的国情条件。在我国现有的司法国情条件下,片面强调案件在法律上的处理结果,机械适用法条,会导致法律背离民众的期待,由此导致裁判虽然在法律上正确,但不能得到社会的认可与接受。由于文化层次、认知能力和获得法律服务情况等方面的差异,普遍存在着当事人诉讼能力不相称的情形,法官一味严守中立,也可能会使处于优势地位的一方利用熟悉程序规则来击败从实体法上看原本是应当胜诉的当事人。因此,在我国司法国情条件下,必须强调法官对诉讼过程的能动干预,强调司法过程中法理情的有机融合。①

作者明确提出,法官应把自己看作社会工程师而不是单纯适用规则的法官;法院要在维护法律秩序与实现社会正义之间维持平衡。作者从三个方面具体阐述了司法能动:

一要坚持司法适度主动,构建司法应对工作机制。法院要善于从审理与裁判中发现问题,为党委、政府的决策提供参考,为司法决策提供依据;要根据案件的具体情况与情势要求,灵活运用法律方法,创造性地适用法律;要建立健全预警机制,将审判中发现的情况和问题应对在前。坚持司法适度弹性,不能机械司法。要充分运用政策考量,强化利益平衡。倡导和谐司法,强调"司法理念、司法过程、司法机制、司法方式、司法结果、司法秩序、司法环境都应当以协调、和谐为目标"。要运用柔性司法,

---

① 公丕祥:《应对金融危机的司法能动》,载《光明日报》2009年8月6日、13日、27日。

即在法律规则的范围内,根据个案的要求,合理适度地采取司法措施。

二要坚持司法适度干预,切实维护群众合法权益。法官要合理平衡当事人的诉讼能力,为当事人行使权利提供便利;为当事人提供合理的指导与引导;完善多元纠纷解决机制。

三要坚持司法适度参与,不断延伸司法审判职能。人民法院要积极参与社会治理,对社会机制进行管理和促进;应当强化保障意识、服务意识,拓展介入社会生活的广度和深度。①

在这篇文章中,公丕祥大法官使用的是"司法能动"而不是"能动司法"。

在2010年4月召开的全国高级法院院长会议上,最高人民法院指出要从人民法院的本质属性,从司法的基本规律,从实现定分止争、案结事了的要求,从实现司法公正、维护社会公平正义出发推进能动司法,要求全国各级人民法院深入研究、继续坚持能动司法。

要从人民法院的本质属性出发推进能动司法。司法的政治性决定了人民法院必须充分发挥能动性,紧紧围绕党和国家工作大局,为巩固社会主义政权,为促进经济社会发展提供有力的司法保障;司法的人民性决定了人民法院必须满足群众需求,回应群众关切,通过审理与执行案件,努力维护人民权益;司法的法律性决定了人民法院必须适应法治建设的进步,适应人民群众对司法的新要求新期待,实现司法的公正高效权威。

要从中国特色社会主义司法的基本规律出发推进能动司法。中国特色社会主义司法应当是服务型司法,人民法院必须运用政策考量、利益平衡、和谐司法等方式,全面履行职责,努力服务于大局,服务于人民,服务于社会;中国特色社会主义司法应当是主动型司法,人民法院要积极主动地开展调查研究,增强工作前瞻性,善于从司法活动中发现经济社会发展中的问题,及时提出司法建议,及时完善司法政策;中国特色社会主义司法应当是高效型司法,人民法院必须根据经济社会发展要求,未雨绸缪,超前谋划,提前应对,努力提高为经济社会发展服务的水平。

---

① 公丕祥:《应对金融危机的司法能动》,载《光明日报》2009年8月6日、13日、27日。

要从实现定分止争、案结事了的要求出发推进能动司法。能动司法对于实现办案法律效果与社会效果有机统一具有重要意义。人民法院要善于根据具体案件,从司法理念、法律价值、法律原则、政策导向等多角度出发,认真进行价值判断,准确适用法律,力争达到最佳办案效果;要善于按照"调解优先、调判结合"的要求,全面加强各类案件的调解、协调、和解工作,努力实现定分止争、案结事了的目标;要善于调动各方面的积极性,推动完善诉讼与非诉讼相衔接的矛盾纠纷解决机制,齐心协力推进社会矛盾化解和社会管理创新工作。

要从维护司法公正、保障社会公平正义出发推进能动司法。人民法院能动司法必须坚持遵循司法规律,做到积极有为、合理适度;必须坚持依法办事,严格遵守立法宗旨和法律精神,严格遵守实体法和程序法,确保能动司法在法治的轨道上进行;必须坚持司法公正,处理好主动提供司法服务与坚持司法原则的关系,以公正司法确保服务质量;必须坚持以执法办案为中心,通过充分发挥职能作用,维护社会公平正义,促进经济社会又好又快发展。能动司法需要以正确的理论为指导。人民法院要加强与法学理论界的联系沟通,发挥各自优势,不断实现能动司法理论与实践的新发展。[1]

自此能动司法正式成为我国各级法院的司法理念。随后,沈德咏、张军、江必新、苏泽林、奚晓明、景汉朝等大法官就能动司法发表了论述。[2]

从上述大法官对能动司法的论述来看,我国的能动司法具有自己的鲜明特征:

第一,能动司法与人民法院的本质属性、功能定位密切相关。司法权是国家权力的重要组成部分,是一种重要的执政权。司法工作是国家政法工作的一部分,理应为党和国家的工作大局服务,为人民利益司法。能动司法要解决的是如何更好地"为大局服务,为人民司法"的理念问题。因此,能动司法不仅仅是司法裁判的理念问题,而是与人民法院的本质属

---

[1] 参见王胜俊:《把握司法规律 坚持能动司法 努力推动人民法院工作科学发展》,最高人民法院编写组:《当代中国能动司法》,人民法院出版社2011年版。
[2] 载最高人民法院编写组:《当代中国能动司法》,人民法院出版社2011年版。

性,功能定位密切相关,要解决为谁司法,如何司法的问题。司法审判是国家社会治安综合治理工作的重要组成部分,裁判不仅要解决已经发生的纠纷,而且要预防纠纷、化解矛盾。

第二,能动司法所指的"能动",不是指能动性的有无,而是指能动性的大小。人类任何有目的的活动都具有主观能动性,司法也不例外。王胜俊将能动司法的特点概括为主动性、服务性与高效性。沈德咏指出,人民法院、人民法官能动司法是要在正确履行宪法和法律职能,严格地适用法律和公正司法的前提下,根据社会主义司法制度人民性的要求,充分发挥司法的能动作用,有效地"为大局服务、为人民司法"。上海高级人民法院应勇院长认为,能动司法的出发点和落脚点在于"服务",能动讲的不是无限制地扩张司法权,而是讲司法权在行使中怎么更好地发挥它的服务作用,体现在司法建议预警、司法规划引导、司法宣传互动等方面。

第三,能动司法的提出是自上而下的"顶层设计"与"自下而上"的实践探索相结合的产物。面对司法实践中的新情况、新问题,人民法院采取了一些新的举措,逐步形成了一些好的经验,经过加工与提炼之后,最高人民法院提出了"能动司法",强调司法服务党和国家的中心工作,积极应对金融危机,提供更好的司法保障与司法服务。

第四,强调能动司法的统一性与规范性。最高人民法院不仅将能动司法作为司法理念加以倡导,而且通过制定司法解释、司法文件加以规范、引导,并且通过多种形式加以指导、监督。如最高人民法院于2011年9月启动了"第一届全国法院优秀司法建议"评选工作、"第一届全国法院践行能动司法理念优秀案例评选活动"。

第五,能动司法的主体具有特殊性,强调充分发挥法院与法官的主观能动性。"当代中国能动司法体现于人民法院和法官的司法活动之中,既强调充分发挥人民法院的能动作用,又强调充分发挥法官的主观能动性。前者主要体现于司法权运行的宏观领域,如落实与完善公共政策、建立多元纠纷解决机制、促进社会管理创新等;后者则更多地体现于审判权、执行权的具体行使过程之中,表现为法官对案件事实、法律、程序、裁判等问题依法采取更为主动、灵活、合理的方式,以便在个案的审判和执行中实现能动司法的目标功能。"①

第六,能动司法的适用范围非常广泛。最高人民法院所指的能动司法,既适用于法院的审判活动,又适用于非审判活动;既适用于诉讼系属之后,又适用于案件受理之前、裁判之后;既适用于事实认定,又适用于法律适用;既适用于疑难案件,又适用于常规性案件;既适用于民事案件,又适用于刑事、行政案件。②

第七,能动司法强调实质性地解决纠纷。能动司法强调"案结事了",强调社会矛盾的实质性化解。要求"调解优先,调判结合","用群众认同的态度倾听诉求,用群众认可的方法查清事实,用群众接受的语言诠释法理,用群众信服的方法化解纠纷"。对于裁判后当事人有疑虑的,要求法官判后答疑,做好息诉服判工作。

第三节 学术界论能动司法

能动司法是近年来法学界讨论非常热烈的一个话题,相关文献很丰富。据笔者在CNKI以"能动司法"为篇名检索,期刊论文共有295篇(表1-1),时间从1987—2013年。学位论文共47篇,其中硕士论文44篇,博士论文3篇。报纸文章共计530篇(表1-2),分布相对比较集中(表1-3)。

表1-1

年份	2013	2012	2011	2010	2009	2008	2007	2006	2005	2003	1999	1987
篇数	21	73	93	77	16	4	3	2	1	2	2	1

---

① 公丕祥:《当代中国能动司法的意义分析》,载《江苏社会科学》2010年第5期。
② 时任最高人民法院副院长的张军明确提出,"要加强刑事审判中能动司法的研究"。张军:《刑事审判理论研究的方向、目标、重点和方法》,载《人民司法》2009年第23期。

表 1-2

年份	2013	2012	2011	2010	2009	2008	2006	2003
篇数	9	91	131	170	126	1	1	1

表 1-3

名称	人民法院报	江苏法制报	江苏经济报	法制日报	光明日报	连云港日报
篇数	218	53	22	22	16	10

从目前检索到的文献来看,在我国第一次明确提出建立"能动的司法制度"的是中国社会科学院的周汉华研究员。他在《法学研究》1999年第5期上发表了《论建立独立、开放与能动的司法制度》,在《中国国情国力》1999年第10期上发表了《独立、开放与能动——中国司法制度改革的目标》。在这两篇论文中,作者首次明确提出了我国司法改革应以建立独立、开放与能动的司法制度为目标。作者认为,司法能动性是指法院在处理具体争议时除了考虑法律规则以外,还要考虑法律原则、案件的事实与社会影响、道德伦理、政策等因素,在综合平衡的基础上作出最后的决定。司法独立是现代政治的基础,司法的开放性是司法权威和独立的最终力量源泉,司法能动性是司法独立和司法开放的条件,司法的能动性是司法开放的必然要求,是法律规范与现实之间连接的需要,是规范用语解释的需要,是认定事实的需要。同时,作者指出,司法能动性的边界即客观依据是法律原则和标准。司法能动性应避免司法人员过于依赖法律规定办理疑难案件,陷入被动,形成判决合法性与合理性的巨大反差,损害司法权威与尊严。

北京大学法学院的朱苏力教授一方面赞成能动司法的实践,但又认为用"能动司法"来概括中国司法并不准确,甚至可能引发理论与实践问题。"在目前中国语境中,我赞同能动司法的实践,但能动司法这种表述可能会引发一些理论和实践问题","用能动司法来概括中国司法并不准确,从长远来看,也未必好。首先司法并不总是也不可能总是能动的,有时司法仍然要消极、被动。……我认为'实事求是','注重司法实效','解决实际问题'这种看似比较传统然而更具涵盖力的传统表达对司法的长远发展会更好,可能更经得起历史的考验。"①

四川大学法学院的顾培东教授认为,作为一种司法理念或司法方式,中国的能动司法与西方司法能动主义既有知识上的缘脉关系,也有现象上的同质性,但由于各国政治及司法制度的不同,两者存在一定的区别。总体上可以将我国的能动司法当作世界法治语境中司法能动主义的一种特殊的表现形态。西方司法能动主义是以司法独立性较强、全社会规则化意识较为明确、法官职业化制度较为成熟为基本条件的,因此,对于国情差异较大的中国来说,能动司法在实践形态上对西方司法能动主义应既有保留,又有创新和发展,同时应从多方面建立相应的保障机制,亦即:宏观上,建立良性的司法与政治的互动机制;中观上,建立有效的最高司法机构指导机制;微观上,建立合理而有序的法院内部审判运行机制。②

南京师范大学法学院的夏锦文教授指出,我国的能动司法与西方的司法能动主义虽有一定的联系,但基本内涵并不相同。能动司法是指法院和法官充分发挥主观能动性,通过积极履行审判职责来回应社会需求。能动司法与司法能动主义的形成语境、适用范围、适用主体、发挥方式等方面均有所不同。因法院层级和职能分工的不同,能动司法在我国各级人民法院的实现方式也应该有所区别:最高人民法院应以司法解释,各高级人民法院以制定司法政策,基层人民法院以灵活运用裁判方法,完善司法创新举措,适度参与社会管理等方式践行能动司法。③

南京大学的吴英姿教授认为,中国的能动司法更多的是从司法的政治功能与政治角色的角度来描述的,强调司法的人民性、政治性,要求人民法院的工作服务党和国家的中心工作。吴教授同时认为,司法权有自己应有的界限,司法权的能力也是有限的,司法权应当恪守自己的边界,

---

① 参见苏力:《关于能动司法与大调解》,载《中国法学》2010年第1期。
② 顾培东:《能动司法若干问题研究》,载《中国法学》2010年第4期。
③ 夏锦文:《当代中国语境下能动司法的意义阐释与有效规制》,载最高人民法院编写组:《当代中国能动司法》,人民法院出版社2011年版,第183~193页。

对超越自身能力的事情保持克制是司法权威的必要保证。①

清华大学法学院高其才教授指出,能动司法与我国经济社会发展的阶段是一致的,在我国有着广泛的社会基础,是对我国社会优秀的司法传统的继承,对我国固有的司法伦理表达了一定的尊重。②

当然,也有学者对能动司法提出了质疑与批判。这种质疑与批判大致可以分为两种方式。一是从整体上否认能动司法作为我国的司法理念,如山东大学的陈金钊教授明确指出,现阶段最高人民法院所倡导的能动司法在某种程度上远离了法治的目标。因为能动司法在总的方面松动了规则与程序的严格性,其理论导向是消解法治。③李辉博士在其专著《论司法能动主义》中明确提出,司法能动主义有其特定的生长条件,是司法权在合理的宪政框架下发展到一定阶段的产物。我国目前的法治处境尚不具备倡导司法能动主义的合适土壤,因此我国司法应当以坚持司法克制主义为前提。另一种是肯定能动司法作为我国的司法理念,但对一些具体的做法持批判态度。如南京师范大学法学院的李浩教授对我国调解优先的司法政策提出了质疑,认为人民法院是国家的审判机关,作为审判机关,采用判决的方式对诉讼案件做出黑白分明、一刀两断式的解决是典型的用司法手段处置纠纷的方法,即使法院实际上判决的案件数量不多,整个民事诉讼程序也主要是围绕着最终如何形成判决设计的。对此,时任最高人民法院院长的王胜俊同志作出了批示:"李浩同志的意见是实事求是的,也很具有建设性。在今后的工作中,要重视总结调解工作经

---

① 吴英姿:《司法的限度:在司法能动与司法克制之间》,载《法学研究》2009年第5期;吴英姿:《能动司法背景下的基层司法建设》,载最高人民法院编写组:《当代中国能动司法》,人民法院出版社2011年版,第216~229页。

② 高其才:《能动司法与乡土社会、伦理传统、法治实践》,载最高人民法院编写组:《当代中国能动司法》,人民法院出版社2011年版,第194~205页。

③ 陈金钊:《"能动司法"及法治论者的焦虑》,载《清华法学》2011年第3期;陈金钊:《警惕司法能动主义》,载《判解研究》2007年第1辑。

验,完善相关工作机制,进一步提高调解工作水平,有效化解社会矛盾。"①中国人民大学的张志铭教授认为,中国的能动司法强调的是司法职能的实现而不是扩张,与西方的司法能动主义具有明显不同的语境和语义,就司法的功能形态而言,应该用"积极司法"取代"能动司法"。②

从上述论述来看,学术界对能动司法还没有达成共识,一些认识甚至是对立的。如我国的能动司法与西方的司法能动主义是什么关系,能动司法是否适合作为司法理念,能动司法与依法审判原则,与法律解释方法的关系等等。

第四节　本章小结

能动司法的提出是多种因素综合影响的结果。一是金融危机的影响。2008年,由美国次贷危机引发的金融危机波及全球,其影响程度之深、波及范围之广,堪与20世纪30年代"大萧条"相比。金融危机对我国产生了深刻的影响。有研究指出,金融危机至少从三个方面直接影响中国的经济增长。一是出口大幅下降。中国出口商品的48%销往美、欧、日,对美、欧的净出口(约3000亿美元)大于全口径的净出口(2600亿美元)。由于出口在中国整个经济增长中的贡献率超过30%,美欧经济趋缓必将对中国经济产生直接影响。二是流动性过剩的局面有可能逆转。次贷危机的加剧导致全球借贷愈演愈烈,全球性的流动性过剩已经逆转,它也必将对中国产生影响。三是负财富效应将导致消费意愿的下降。

---

① 最高人民法院院长王胜俊同志在中国法学会党组书记、常务副会长陈冀平同志批转的中国法学会《要报》上的《人民法院应当理性地对待调解》一文(李浩教授著)上批示:"李浩同志的意见是实事求是的,也很具有建设性。在今后的工作中,要重视总结调解工作经验,完善相关工作机制,进一步提高调解工作水平,有效化解社会矛盾。"http://www.civilprocedurelaw.cn/html/xjyw_1170_2413.html,访问时间:2012年5月8日。

② 张志铭:《中国司法的功能形态:能动司法还是积极司法》,载《中国人民大学学报》2009年第6期。

2006、2007两年中国内需稳步增长,股市的财富效应功不可没。虽然目前中国股市仍是一个封闭的市场,但通过香港股市的渗透,次贷危机对股市的巨大杀伤力已经直接作用到了中国股市。① 国际金融危机的影响逐步反映到司法领域的各个方面。在一般民商事审判方面,民商事案件尤其是与企业经营相关的民商事合同纠纷案件呈大幅增长的态势,同时出现了诸多由宏观经济形势变化所引发的新问题;在劳动案件审判方面,因企业经营困难、亏损、欠薪和关闭等原因引发的各种劳动争议案件大幅攀升;涉农民事案件大量增加,案件中出现了许多新情况;房地产案件审判方面也出现了前所未有的问题,而稳定房地产市场,保障房地产业的健康发展,是党和国家应对国际金融危机影响、促进经济平衡较快发展的重大决策部署;在执行工作方面,给人民法院的执行工作带来新的压力和挑战,被执行人履行能力降低,执行和解难度加大,金融纠纷、投资纠纷、劳资纠纷等新类型案件增加,资产处置难度加大。因土地征用、房屋拆迁、企业改制等利益格局调整问题引发的群体性热点、敏感事件频频发生。各种矛盾与纠纷涌向法院,给人民法院的审判与执行工作带来了新的挑战。如在浙江省,2009年共审结涉金融类、企业债务类案件119057件,比2008年上升28.17%,审结涉外商事案件851件、海事海商案件1121件,比2008年分别上升33%、13.35%。② 又如上海,2009年各级法院共受理一审民事、商事案件23.01万件,审结23.14万件,分别比2008年上升7.4%和9.0%。③ 从全国范围来看,2009年全国各级人民法院共受理案件1137万余件,审执结1054万余件,分别比2008年上升6.3%、7.2%。④

---

① 周晓晶:《中国能顶住美国经济下滑影响》,http://www.drc.gov.cn/xsyzcfx/20080303/4-4-2869257.htm,访问时间:2012年8月6日。
② 浙江省高级人民法院课题组:《国际金融危机背景下涉诉企业解困司法对策研究——以浙江法院实践为样本》,《法律适用》2009年第9期。
③ 应勇:《上海市高级人民法院工作报告》,http://www.shanghai.gov.cn/shanghai/node2314/node2315/node4411/u21ai477372.html,访问时间:2013年7月19日。
④ 王胜俊:《最高人民法院工作报告》(2010年)。

为了应对金融危机,实现经济社会的可持续发展,党中央、国务院出台了一系列的政策与措施。在这种背景之下,最高人民法院为应对金融危机,调整司法理念,出台新的政策措施。正如最高人民法院在工作报告(2010年)中指出的:"加强对国际金融危机的司法应对。针对国际国内经济形势的发展变化和企业的生产经营状况,最高人民法院加强调查研究,提出能动司法的要求,适时调整司法政策;制定适用合同法、保险法等11个司法解释,确保法律适用标准的统一和规范;及时制定审理企业破产、公司清算、房地产、劳动争议案件等14个司法文件,指导地方各级法院妥善审理相关案件。"

面对金融危机,政府加强了宏观调控的力度。最高人民法院要保障中央的宏观调控政策在司法领域得到贯彻落实,必然涉及处理好法律调整与政策调控之间的关系,依法解决纠纷与促进经济社会发展之间的关系;为国家经济社会发展、为公众权益保障提供良好的法律保障与优质的法律服务,历来是人民法院的基本职责。因此,面对金融危机的冲击,贯彻落实中央的政策,回应社会的司法需求,最高人民法院提出了"能动司法"的要求,强调为"大局服务,为人民司法"。

二是对司法改革的再认识。我国对人民法院审判权的运行方式,在理念与制度上都有所变化。在《民事诉讼法》(1991年)实施之前,人民法院的职权色彩较为深厚,有学者称之为"超职权主义"或"强职权主义"诉讼模式,人民法院在案件事实、法律适用与诉讼程序的推进方面拥有相当大的职权。如人民法院依据职权全面收集、调查证据;可以在当事人的诉请范围之外作出裁判;审理案件着重调解;法院可依职权变更、追加当事人;二审不受当事人上诉范围的限制;庭审以法官询问当事人、证人为主等等。

但是,职权主义模式忽略了当事人的程序主体地位,当事人诉权无法对审判权形成有效的制约,诉讼过分依赖法官,由此导致诉讼效率低下,人民法院不堪重负。随着市场经济体制的建立与经济社会的发展,案件数量急剧增加,人民法院难以有效解决纠纷,积案的压力加大。前最高人民法院副院长祝铭山曾将这种审判方式的弊端概括为:"庭审功能难以得到有效发挥,不利于保证办案质量;耗费人力、物力和时间过多,不利于提高审判工作效率;诉讼活动公开性差,不利于法院队伍廉政建设"。① 确实如此,由于法院的职权过大,有"大包大揽"之嫌,一方面法院难以承受,另一方面法官权力不受当事人诉权制约,容易产生腐败与"寻租"。

与此同时,学术界对程序正义的研究也在全社会产生了广泛的影响。② 程序正义观念的导入,为民事审判方式改革提供了理论资源。随着审判方式向当事人主义靠拢,逐步弱化诉讼中法院的职权,强调法院的消极、中立与被动,强化当事人的诉讼权利。如明确要求当事人对自己提出的主张承担举证责任,"谁主张,谁举证"的观念被广泛接受,公众将其描述为"打官司就是打证据";赋予当事人一定的程序选择权,如合意确定管辖法院;在确立法院调解原则的基础上,明确规定法院调解必须遵循自愿、合法;事清责明的原则;将上诉审限制在当事人上诉请求的范围之内等。上述改革措施对于减轻法院负担,维护法官中立形象,保障当事人的程序主体地位具有积极的意义。特别是2001年最高人民法院《关于民事诉讼证据的若干规定》的发布,限缩了法院调查取证的范围,引入了举证时限与证据失权制度。这与公众追求实体正义的观念产生了严重冲突。总的来说,对职权主义诉讼模式的改革出现了部分矫枉过正的现象,在实践中也没有产生预期的效果。③ 对程序正义的片面强调反而牺牲了实质正义。对此清华大学法学院冯象教授曾评论道:"必须先给群众运送社会正义,他们才会对司法程序抱有信心,才会尊重诉讼结果或法院的判决。实质正义乃正当程序之母;只有法学家才会颠倒了讲,主张程序本身便是正义。"④在司法权的运行方式上,过多地强调法院的消极、中立和被动,影响了实体公正的实现,对司法公信力也产生了不良影响。当前,我国正

---

① 祝铭山:《在全国审判方式改革工作会议上的讲话》,载最高人民法院研究室编:《走向法庭》,法律出版社1997年出版,第14页。
② 代表性成果如季卫东:《法律程序的意义——对中国法制建设的另一种思考》,载《中国社会科学》1993年第1期。
③ 如举证时限制度在实践中并没有得到严格的执行,大部分法院不敢运用"失权规则"。参见李浩:《民事判决中的证据失权:案例与分析》,载《现代法学》2008年第5期。
④ 冯象:《诉前服务好——房山区人民法院的经验》,载《人民法院报》2011年6月16日。

处于经济社会发展的重要战略机遇期和社会矛盾凸显期,国际形势正在发生新的深刻变化,各种问题比较多地显现出来。国内发展中不平衡、不协调、不可持续问题依然突出,社会矛盾凸显。人民法院在解决纷纷,恢复秩序,维护统一的市场秩序等方面的作用更加重要。

面对社会加速发展与加快转型时期矛盾多发、频发,新型纠纷增多,处理难度加大的现实,当事人主义诉讼模式不能完全满足公众日益增长的司法需求,特别是难以满足公众对司法公正的期待。在这样的背景下,人民司法提出了公正与效率、公正司法、司法为民等理念,强调调解优先,调判结合,案结事了,强调司法走群众路线,法律效果与社会效果统一等司法政策,在本质上都体现了人民法院正在回归能动司法,积极回应变革时代的司法需求。可以这么说,坚持能动司法,是这一时期人民法院工作最大的亮点。[1]

三是探索自主型司法道路。美国次贷危机引发的金融危机,使美国的经济遭受重创,也影响到全球经济的发展。而且,金融危机的影响已经超过了经济领域,直接导致美国主权信用评级下调(2011年8月,国际评级机构——标准普尔公司宣布将美国主权信用评级从"AAA"下调一级至"AA$^+$")。金融危机迫使人们不得不再次思考金融危机的根源,寻求克服危机的方法。改革开放以来,中国积极向发达国家学习先进的技术、经验与管理制度。毫无疑问,美国是世界是最发达的国家,自然也是我们学习与借鉴的对象。美国金融危机的爆发,使我们再次清醒地认识到,美国的经济增长方式也是有很大局限的。相反,近年来中国经济持续高速增长,1979—2012年的34年间,中国国内生产总值年均增长9.98%,这在中外经济发展史上都是绝无仅有的。在世界经济低迷的大环境下更是引人注目,"中国模式"引起了全世界的高度关注。如前所述,改革开放以来,我们在法治领域借鉴了发达国家的当事人主义诉讼模式,从审判方式改革到改革司法制度,再到深化司法体制改革,在一定程度上也主要是以美国为学习与借鉴对象的,更多地是在制度层面的"法律移植"。然而,我们逐步发现,"在需要通过立法创造某些制度以实现政策目标时,法律移

---

[1] 公丕祥:《当代中国能动司法的意义分析》,载《江苏社会科学》2010年第5期。

第一章 能动司法的提出

植是最有效的手段,是创造法律秩序和促进社会进步的方式"。然而,"移植规则的深层含义在于移植文化,也即规则和制度的移植必须要有文化的支持,否则,法律移植很可能仅仅是立法者的游戏"。① 通过法律的移植,我们容易有效率地实现制度的现代化。但制度赖以运行的文化、法律机构不能"移植",制度与国情、文化的不相容导致了现实中的很多问题。西方金融危机周期性的爆发,自然而然引起人们的反思,是不是西方的经济制度与政治制度之间存在内在的、无法克服的矛盾?

中国一直强调走自己的路,建设中国特色社会主义。有论者指出,中国坚持自主型司法改革道路,是中国司法国情状况的必然要求,体现了鲜明的自主品格与中国特色,体现了司法改革的"中国中心主义",并具体分析了中国司法改革必须认真对待的政治、经济、文化、社会诸方面的因素。②

我国司法改革曾以偏重学习和借鉴西方法制和理论为主,但在实践中难以有效解决中国的现实问题,特别是难以满足人民日益增长的对司法公正的需求与期待,因此探索与经济发展的"中国模式"、"中国道路"相呼应的自主型司法改革与法治进路,强调立足中国国情,解决现实问题也是情理之中,改变法院消极、被动的形象,主动服务大局,为民司法的能动司法就成了一个响亮的宣示。

---

① 信春鹰:《法律移植的理论与实践》,载《北方法学》2007年第3期。
② 公丕祥:《当代中国的自主型司法改革道路——基于中国司法国情的初步分析》,载《法律科学》2010年第3期。

第二章 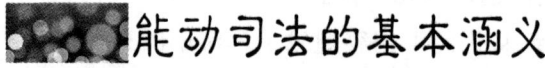能动司法的基本涵义

第一节 对我国能动司法的认识

在现代汉语中,"能动"是自觉努力、积极活动的意思。① 人的任何有目的的活动,都需要发挥主观能动性,司法是一种复杂的思维活动,当然也离不开发挥人的主观能动性与能动作用。因此,能动司法不是指是否需要发挥人的主观能动作用与能动性的问题,而是指在多大程度上发挥能动性与能动作用的问题。

能动司法以"为大局服务,为人民司法"为目的。司法权是重要的执政权,通过司法来解决纠纷、化解矛盾是实现国家治理的重要方式。人民法院是党领导的国家审判机关,主动服务于党和国家的中心工作是人民法院履行政治职能的必然要求。执法办案,公正司法是人民法院的职责所在。能动司法要求人民法院在履行审判职责时,要以法律为依据,切实贯彻党和国家的政策,为党和国家的工作大局提供司法保障与司法服务。在金融危机的冲击下,经济增长放缓,社会矛盾凸现,国家加强了宏观调

---

① 《现代汉语词典》(第五版),商务印书馆2005年版,第99页。

控,人民法院的审判工作应该促进与保障国家宏观调控政策的实现。我国是社会主义国家,一切权力属于人民。人民法院是国家的审判机关,自然应以维护人民利益作为一切工作的出发点和落脚点。能动司法就是要满目人民日益增长的司法需要,依法解决好"告状难"、"审理难"、"执行难"问题。最高人民法院倡导的能动司法,既要求人民法院切实履行好审判职能,公正办案,依法保障人民权益,实现案结事了,又要求人民法院贯彻落实中央部署,主动开展调查研究,超前谋划,努力发现纠纷产生的根源,及时提出司法建议,防止类似案件的发生。

能动司法是服务型、主动型、高效型司法。能动司法是服务党和国家工作大局的服务型司法;是主动进行调查研究,分析研判形势,主动延伸审判职能,积极参与社会管理创新,回应公众司法需求,加强沟通协调,形成整体合力的主动型司法;是根据社会发展要求,超前谋划,未雨绸缪,努力将矛盾解决在萌芽状态的高效型司法。①

能动司法是人民法院和法官的司法理念、司法功能、司法方式和司法效果,是司法的基本取向。首先,能动司法是我国司法哲学的基本理念。能动司法回答了司法是什么以及如何进行司法的问题,即司法的世界观和方法论问题,从而构成了我国司法哲学的基本理念。其次,能动司法明确了人民法院功能的基本定位。能动司法要求法院在一切可能的条件下,积极主动地回应社会需求,为大局服务,为人民司法,而不能机械司法,就案办案,回避政治与社会责任。再次,能动司法揭示了司法运行的基本方式。能动司法在承认司法的被动性和中立性,主张与在不与法律原则、法律规定冲突的前提下,法官通过正确行使自由裁量权、合理解释法律规则、灵活采取司法措施等方式,贯彻落实党和国家工作大局的要求,推动社会治理的健全和完善;主张人民法院和法官通过正确行使诉讼指挥权和释明权,加强对诉讼过程的必要干预,合理平衡当事人的诉讼能力,促进诉讼的顺利进行。最后,能动司法体现了我国司法活动的基本效果。能动司法坚持原则性与灵活性相结合,追求法律效果与政治、经济、

---

① 沈德咏主编:《全国法院践行能动司法理念优秀案例选编》,人民法院出版社2013年版,序,第2～3页。

文化和社会效果的有机统一,强调个案公正与普遍公正的有机统一,强调依法裁判与案结事了的有机统一。①

综上所述,大致可以将最高人民法院倡导的能动司法理解为一种积极的司法理念、司法方法与司法实践,有关能动司法的理论、机制尚未建立。

第二节　对西方司法能动主义的理解

美国是司法能动主义(Judicial Activism)的故乡。有关司法能动主义的争鸣与实践也集中在美国。据统计,上个世纪90年代,美国大约有3815篇文章讨论司法能动主义,2000—2003年四年中又以每年约450篇的速度增加了1817篇相关文章。尽管司法能动主义在美国运用十分广泛,但却又缺乏精确的定义。据考证,1947年1月,亚瑟·斯科勒辛格(Arthur Meier Schlesinger)在美国《财富》上发表了一篇题为《1947年最高法院》的文章,首次使用了"Judicial Activism"这一概念。在这篇文章中,斯科勒辛格将美国联邦最高法院的九位大法官分为"司法能动主义者"(Judicial Activists),"司法自我克制的拥护者"(Champions of Self-Restraint)和中间派(a Middle Group)。斯科勒辛格文章的主要贡献在于向法律学者和公众第一次就"司法积极主义"进行了影响深远的阐述。他提出了司法能动主义与司法克制主义相互对立的对应性内容:非选举的法官对民主实施的法律、严格遵循先例对创造性适用、民主的至上性对人权、法律对政治以及其他平等的基本二分法。1959年,约瑟夫·C.哈奇森法官在一份法院判决意见中,第一次在司法意见中运用了"judicial activism"。他用"judicial activism"一词来批评美国联邦最高法院奉行能动主义的大法官。自此以后,"judicial activism"正式进入司法领域且一

---

① 参见公丕祥:《当代中国能动司法的意义分析》,载《江苏社会科学》2010年第5期。

第二章 能动司法的基本涵义

直沿用至今。①

司法能动主义是一个备受争议却又难以精确定义与衡量的概念。一个新近的例证是,2010年6月,90岁高龄的大法官斯蒂文斯宣布退休后,在奥巴马总统新的大法官提名宣布前,共和党参议员奥林·哈奇公开宣称:"如果总统提名一位司法能动主义者,共和党将发起全力阻击!"有记者问哈奇:"您心目中的司法能动主义者,是指动辄推翻国会立法的法官么?"哈奇想了想后笑着回答:"那要看推翻的是什么样的法律了。"可见,即使是反对司法能动主义的议员,也主张具体情况具体分析。

让我们来看看权威辞典的解释。《布莱克法律词典》(第七版)对"Judicial Activism"的解释是:"一种司法裁判的产生哲学(理念)——法官可以根据自己对公共政策以及其他因素的个人理解去做出判决,通常情况下,该哲学的追随者们主张(相关法律和行为)进行违宪审查和不严格遵循先例。与'司法克制'相比较。"《美国法律辞典》将"司法能动主义"定义为:"对美国司法制度中审判行为的一种见解。司法能动主义者认为上诉法院发挥着实质性和积极的政策导向作用,司法能动主义倡导法官接受新的政策,即便是那些与既定的法律规范和先例不一致的政策。……最重要的是主张法院适用自己的政策优先于那些立法机关和行政机关的政策。这最明显地表现在法院宣告一项政府行为因违宪而无效。司法能动主义还可以把法律规范延伸到为政府行为确立特定的要件。"《元照英美法词典》对"Judicial Activism"的释义为:"一种司法理论,它鼓励法官摆脱对于司法判例的严格遵从,允许法官在制作判决时考虑其个人对于公共政策的观点以及以其他因素作为指导,通过判决来保护或扩展与先例或立法意图不符的个人权利。遵循该理论会造成某些判决侵犯立法权和行政权的结果。"②

---

① (美)肯恩·凯密克:《司法积极主义的起源及当代含义》,范进学译,载《法律方法》(2011年卷),山东人民出版社2011年,第58～60页。王一:《司法能动主义的语境和语义考察——基于美国司法史的梳理》,载《绍兴文理学院学报(哲学社会科学)》2012年第1期。王一:《我国能动司法的本义与反思》,上海交通大学博士学位论文2012年。

② 王一:《司法能动主义的语境和语义考察——基于美国司法史的梳理》,载《绍兴文理学院学报(哲学社会科学)》2012年第1期。

尽管对美国司法能动主义实践的起源存在不同的观点,但普遍认为,沃伦法院时期(The Warren Court,1953—1969),美国联邦最高法院呈现出非常明显的能动主义倾向。沃伦始终坚持司法能动主义的哲学,推动法院为适应社会变革、进步的需要,保障公民的平等、自由而积极努力。

在他任首席大法官期间,最高法院扩大了法律平等保护的范围,强化了对言论和新闻自由的保障,改变了在立法机关中不平等分配议席的做法,刑事案件中的被告人获得了更广泛的宪法保护,宪法意义上隐私权概念得到了确认。这些具有长远意义的事件重构了美国的政治理论,并且在一定意义上重构了美国政治制度本身和美国社会的政治价值观。①

有些形式的司法能动主义决策受到普遍的赞赏,如沃伦法院时期的布朗诉教委委员会案。罗纳德·德沃金称赞一个司法能动者在保护宪法权利所具有的美德,②司法能动主义可以说是"法院履行其义务充当公共正义保护伞的一种途径"。③ 当然也有些司法能动主义的决策遭受了批评,被认为是意识形态与党派之争或者个人偏见的产物。如沃尔夫就曾指出,"我坚信司法能动主义是一个不幸的现象,如果没有它美国将会变得更好。"④罗森博格也认为,"所谓美国司法能动主义促进社会变革的观念不过是一个神话。"⑤

司法能动主义积极追求法律之外的社会目标,法官将自己视为社会工程师而不仅仅是法律适用者。为了推动社会进步,提高社会福祉,奉行司法能动主义哲学的法官在解释宪法时就不会拘泥于宪法文本的字面意

---

① [美]霍维茨:《沃伦法院对正义的追求》,信春鹰、张志铭译,中国政法大学出版社2003年版,译者序,第1~2页。

② 347 U. S. 483 (1954)。

③ Kermit Roosevelt, *The Myth Of Judicial Activism*, Yale University Press, 2006, p. 14.

④ [美]克里斯托弗·沃尔夫:《司法能动主义:自由的保障还是安全的威胁》,黄金荣译,中国政法大学出版社2004年版,第4页。

⑤ G. Rosenberg, *The hollow hope: Can Courts Bring about Social Change?* Chicago: University of Chicago, 1993.

义,而是根据需要进行目的性解释,寻求妥当的结果;司法能动主义者也不惜背弃司法先例,"依据先例(即人们所知的'遵循先例'学说)当作一个政策,而不是当作一种义务"①,对法官造法持乐观的态度,认为法官有义务弥补法律与现实之间的空隙,司法权与立法权之间的区别也不是绝对的。

对司法能动主义进行的实证研究表明,司法能动主义是一个极其复杂的概念。2005年《纽约时报》发表了一篇社论分析了自1994年以来宣布联邦法律无效的裁决。作者发现,保守的法官比自由主义的法官更容易驳回联邦法律,因此更加"能动主义",而作者(保罗和高德)被新兴保守的司法能动主义批判,批判称这未能考虑司法能动主义是出于对州法律的偏见,其结论与伦奎斯特法院的保守派相冲突。希德里和罗德通过对1986到1998年之间170个案例的投票的研究,发现绝大多数法官都显示出受意识形态的影响,自由主义的法官投票驳回保守的法律,并且维护自由的法律,而保守法官的裁决是相反的。西格尔和霍华德之后对这个结论进行更仔细的分析,他们研究了美国联邦最高法院在1985到1994年间的248个案例,认为在驳回立法的裁决中意识形态因素占据重要地位。斯比尔和斯蒂芬妮分析了1986到2000年之间,法官投票使联邦和州立法无效的案例,作者发现法官偏向某些实质性政策战胜了他们声称的遵从国家法律和立法政策。罗莉在对纽约时报社论进行数据的分析总结后发现,伦奎斯特法院保守的法官明显比自由主义的法官更有可能使联邦的立法无效以及推翻先例。此外,罗莉发现法院的自由派法官更可能使州立法无效。②

另有研究者作了更为详细的分析,③见表2-1至表2-3。

---

① [美]理查德·A. 波斯纳:《超越法律》,苏力译,中国政法大学出版社2001年版,第5页。

② Frank B. Cross and Stefanie A. Lindquist, The Scientific Study of Judicial Activism, 91 *Minnesota Law Review* 1752. 2006—2007.

③ Frank B. Cross and Stefanie A. Lindquist, The Scientific Study of Judicial Activism, 91 *Minnesota Law Review* 1752. 2006—2007。

表 2-1　伦奎斯特法院判决无效的法律

法官	联邦	州
Marshall	41%	64%
Brennan	54%	65%
Blackmun	35%	62%
Breyer	36%	51%
Ginsburg	37%	54%
Kennedy	49%	48%
O'Connor	43%	44%
Powell	28%	33%
Rehnquist	36%	24%
Scalia	46%	39%
Souter	43%	59%
Stevens	31%	65%
Thomas	54%	37%
White	9%	39%

表 2-2　Burger 法院判决无效的法律

法官	联邦	州
Marshall	51%	75%
Brennan	50%	74%
White	26%	46%
Blackmun	21%	51%
Powell	22%	49%
Rehnquist	19%	20%
Stevens	29%	61%
O'Connor	35%	30%
Stewart	33%	52%
Burge	20%	38%
Douglas	80%	84%
Black	62%	59%
Harlan	38%	58%

第二章 能动司法的基本涵义

表 2-3 1969—2004，司法能动主义的数值

法官	联邦和州法律无效	激进因素总体得分	无联盟规模的因素得分
Marshall	67.32(3)	1.548(3)	1.215(3)
Brennan	67.34(2)	1.932(1)	1.706(2)
Douglas	83.23(1)	1.846(2)	1.965(1)
Stevens	53.45(5)	−.224(6)	−.279(10)
Blackmun	47.01(9)	−.427(13)	−.656(15)
Thomas	43.93(13)	−.582(4)	−.244(5)
Rehnquist	23.54(19)	−.508(15)	−.867(17)
Souter	52.75(6)	−.193(7)	−.023(7)
Scalia	41.58(14)	−.041(9)	−.384(13)
Ginsburg	46.85(11)	−.168(8)	−.136(8)
O'Connor	40.05(16)	−.409(12)	−.440(14)
Stewart	47.73(10)	−.406(11)	−.221(9)
Black	59.52(4)	−.319(5)	1.120(4)
White	39.60(17)	−1.003(17)	−1.020(18)
Kennedy	48.13(8)	−.436(14)	−.295(11)
Breyer	44.19(12)	−.139(10)	−.308(12)
Powell	41.39(15)	−.853(16)	−.681(16)
Burger	33.85(18)	−1.281(18)	−1.057(19)
Harlan	51.28(7)	−1.306(19)	−.120(6)

如果超越现有的争议,大致可以认为,最激进的法官是沃伦,此外,马歇尔、布伦南和道格拉斯也是司法能动主义的践行者。相反,最不激进的法官包括大法官 Burger 和 White。综上,大致可以认为,美国司法能动主义是法官个人的司法哲学。这种哲学主要表现为对政治部门(立法机关与行政机关)的决定持怀疑态度,也不拘泥于先例的约束,而是积极运用灵活的宪法解释方法来适应社会发展的需要,保障公民的自由、平等与权益,促进社会的进步与福祉,更多的是体现了司法权对立法权、行政权的制衡。当然,司法能动主义者可以是自由的,也可以是保守的。基于司法能动主义哲学的裁判可能是进步的,也可能是落后的。美国司法能动主义是与三权分立、违宪审查、普通法传统、司法独立、高素质的法官等条件紧密相联的。或者更简单地说,能动主义法院的特点是法院没有像一个法院应该所为的。

第三节　本章小结

我国的能动司法与美国的司法能动主义是形同而质异的概念。能动司法是应对金融危机的直接产物,也是对司法改革的某种调整,是对人民司法传统的继承,也是追求自主型司法道路的探索与实践。能动司法是中国的"本土资源",指在尊重司法规律、坚持依法办事的前提下,充分发挥人民法院和人民法官的主观能动性,积极主动地开展工作,努力追求良好的工作效果,服务于党和国家的中心工作,服务于公众权益保障。能动司法强调人民法院积极履行审判职责、合理延伸审判职能、回应人民群众的司法关切、传承人民司法的优良传统。能动司法强调人民法院的政治职能,为党和国家的中心工作服务,为贯彻党和政府的政策服务,要求法院顺势而为。在具体案件的裁判上,强调法官进行政策考量、利益平衡,综合考虑多种因素,灵活运用判决与调解,努力追求案件的法律效果与社会效果的统一,实现案结事了。目前对能动司法还存在不同的理解与认识,对能动司法的实践也有不同的评价。最高人民法院倡导的能动司法,要求人民法院和法官充分发挥司法能动性,"为大局服务,为人民司法"。尽管政治上是正确的,却因缺乏确切的内容而难以有效指导司法实践。

下篇

能动司法的若干实践评析

第三章
能动司法与法院调解
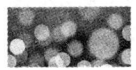

调解在我国有着悠久的历史,"早在西周的铜器铭文中,已有调处的记载,秦汉以来,司法官多奉行调处息讼的原则,至两宋,随着民事纠纷的增多,调处呈现制度化的趋势,明清时期,调处已臻于完善阶段。"①新中国成立以来,我们十分重视调解的纠纷解决功能。依据现行立法,审判和调解均是人民法院行使民事审判权的方式。自最高人民法院提出与倡导"能动司法"理念以来,法院调解更是得到了空前的重视与强化。为了解决纠纷与维系社会秩序的稳定,在强调法院调解的同时,还注重建设法院调解、人民调解、行政调解"三位一体"的大调解工作格局,健全和完善多元纠纷解决机制。②从实践来看,部分地方法院已经突破现行法律的规定,③用调解的方式来处理行政纠纷与轻微的刑事案件。最高人民法院对行政调解也持肯定态度。如在2007年3月27日召开的第五次全国行政审判工作会议上,最高人民法院的领导就提出:"行政争议属于人民内

---

① 张晋藩:《中国古代民事诉讼制度通论》,载《法制与社会发展》1996年第3期。
② 2011年4月22日,中央社会治安综合治理委员会、最高人民法院、最高人民检察院、国务院法制办公室、公安部等16家单位印发《关于深入推进矛盾纠纷大调解工作的指导意见》。
③ 如《行政诉讼法》第50条规定:"人民法院审理行政案件,不适用调解。"明确禁止对行政案件进行调解。但在实践中,对行政案件进行协调、调处具有一定的普遍性。虽然没有使用"调解"的表述,但其实质是在法院的主持下当事人进行协商解决纠纷,与调解并没有本质上的区别。

部矛盾,产生和形成的原因往往比较复杂,每一起行政案件的情况也有所不同。因此,行政争议的解决必须采取多种方式和手段。人民法院要在查清事实,分清是非,不损害国家利益、公共利益和其他合法权益的前提下,建议由行政机关完善或改变行政行为,补偿行政相对人的损失,人民法院可以裁定准许行政相对人自愿撤诉。要积极探索行政案件诉讼协调新机制。"要求各级人民法院按照"坚持合法审查,促进执法完善,依法规范撤诉,力求案结事了"的原则,积极探索行政案件处理新机制。2011年4月22日,中央社会治安综合治理委员会、最高人民法院、最高人民检察院、国务院法制办公室、公安部等16家单位发布的《关于深入推进矛盾纠纷大调解工作的指导意见》明确提出,"人民法院重点推动一般民事案件、轻微刑事案件通过调解等方式实现案结事了",肯定了法院对轻微刑事案件的调解方式。鉴于法院调解在大调解格局中的核心地位与主导作用,以及本研究的主要目的,以下主要对法院调解进行分析。

第一节　法院调解理念与制度的变迁

新中国成立以来,我们对法院调解的地位、作用以及法院调解与审判的关系有着不同的认识,从而也确立了不同的原则与制度。大致可以作如下划分:

一是调解为主阶段(1949—1981年)。中华人民共和国成立后,我们十分重视继承和发扬人民司法的优良传统,强调走群众路线,通过调解来化解矛盾与处理纠纷。1951年9月4日,中央人民政府委员会颁布的《人民法院暂行组织条例》明确要求基层人民法院"调解民事及轻微的刑事案件"、"指导辖区内调解工作"。人民法院审判案件,"应视案件需要,实行就地调查、就地审判和巡回审判"。1963年,在第一次全国民事审判工作会议上提出了"调查研究,就地解决,调解为主"的民事审判工作方针。1964年,民事审判工作的方针发展为"依靠群众,调查研究,就地解决,调解为主"的十六字方针。在这一时期,调解成为化解社会矛盾与纠纷的主要方式。"调解为主"成为我国法院处理调解与审判关系的基本原则。"调解为主"的言外之意就是"审判为辅"。希望通过调解的方式来讲道理,消除矛盾,从而实现社会稳定与团结的目标。

二是着重调解阶段(1982—1990年)。1982年,我国的第一部《民事诉讼法(试行)》颁布,这是新中国的第一部民事诉讼法典。在总结我国民事审判工作实践经验的基础上,确立了"着重调解"的民事审判原则,即"人民法院审理民事案件,应当着重进行调解;调解无效的,应当及时判决"。"着重调解"原则在立法中正式确立。"着重调解"取代"调解为主",意味着在调解与审判的关系上放弃了"主"与"辅"的观念,不再认为审判是辅助的、次要的处理纠纷的方式。既希望充分运用调解来化解人民内部矛盾,要"着重调解",同时又明确"调解无效的,应当及时判决"。

三是自愿、合法调解阶段(1991—2003年)。1991年的《民事诉讼法》对我国的法院调解原则做出了较大的调整,规定法院审理民事案件时,"应当根据自愿和合法的原则调解;调解不成的,应当及时判决",将此前规定的"着重调解"原则修改为"自愿合法"原则。从立法的角度来看,在调解与审判的关系上,尽管将调解置于优先考虑的位置,要求人民法院在处置民事案件时,先用调解的方式,只有调解不成的才进行裁判,但强调了调解的规范性,即必须以"自愿、合法"为前提。调解是以当事人合意为基础的纠纷解决方式,这是调解与裁判的本质区别。由当事人一致同意的纠纷解决方案是最好的方案,因为在正常情况下,当事人不会作出一个损害自己的选择。调解的正当性在于合意,判决是国家意志的体现。《民事诉讼法》强调调解要遵循自愿、合法的原则,既允许民事主体处分其民事权益,又对当事人的处分权施加了必要的限制。在司法实践中,不再强调调解结案,正当程序、依法裁判的观念得到强化。

四是调判结合阶段(2004—2008年)。面对社会转型时期矛盾高发和"案结事难了"的局面,法院逐步意识到司法资源的有限性和多元纠纷解决机制的重大意义。当时最高人民法院认为,在实行审判方式改革、强化庭审职能作用后,人们对我国民事诉讼法曾经规定的"着重调解"的原则有错误的认识,认为调解是法制不健全的产物,现在既然法制日益健全,就不再需要调解。在这种观念的指导下,在法院的审判中,调解的比重下降,判决的比重上升。这样,在实践中一些案件由于简单下判导致案件上诉多、申诉多、执行难、上访多等问题,这给法院工作带来了很大的压力,影响了法院定分止争能力的发挥。要切实解决重判决、轻调解导致的不愿调、不会调的问题。① 对正义执着追求的"理想主义"可能在一定程度上必须让位于解决纠纷的"现实主义"。② 正是基于这样的理念与认识,在中央提出构建社会主义和谐社会的目标以后,最高人民法院于2004年通过了《关于人民法院民事调解工作若干问题的规定》,明确提出"能调则调,当判则判,调判结合,案结事了"的新十六字审判工作方针。基于这样的认识与理念,最高人民法院又提出了"法律效果与社会效果有机统一"的命题,认为中国传统上是"礼俗"社会,法律不可能成为解决所有纠纷的"灵丹妙药",法律以外的因素如道德、情理也是司法过程所不可忽略的。判决不仅是单纯的法律责任的判断,更重要的,它是一个可能造成一系列社会影响的司法决策。简单、机械地适用法律条文进行裁判,不一定能获得社会的认同。法官的判决必须考虑社会稳定、经济发展问题,而不应为了追求一个法律价值而不顾其他的社会价值。法官在司法过程中必须统筹考虑,权衡利弊得失,在原则性与灵活性之间寻求有机的平衡。"能调则调,当判则判",根据纠纷本身的性质与特点,尊重当事人的意志与意愿来解决纠纷的处理方式,"调判结合",应该说是比较科学的。如果理解与运用得当,就能产生比较好的效果。无论是调解还是判决,其目的都指向"案结事了"。但实现"案结事了"就要考虑法律之外的道德、情理因素,就不可避免地造成裁判依据的多元,即法官在裁判案件时除了要以法律为依据,还要考虑其他因素。

五是调解优先阶段(2009年始)。2007年以来,受国际金融危机等多种因素(如案件受理费的调整)的影响,法院受理案件的数量大幅上升,2008年,全国法院受理、审结案件首次突破了1000万件。伴随着城镇化进程的加快与改革的深化,因土地征用、房屋拆迁、企业改制等引发的群

---

① 2004年12月16日至17日于北京召开的全国高级法院院长会议上时任最高人民法院院长肖扬的讲话。

② 肖扬:《中国司法:挑战与改革》,载《人民法院报》2004年10月12日。

体性纠纷频频发生。面对案件数量大幅度增多与处理难度不断增大的现实,最高人民法院认为要充分发挥调解在促进社会和谐稳定中的独特优势和重要作用,把通过调解方式化解矛盾纠纷摆到突出位置。2009年3月10日,王胜俊在最高人民法院工作报告上首次提出"调解优先、调判结合"原则。2009年7月28至29日,在全国法院调解工作经验交流会,最高人民法院的领导正式提出"调解优先、调判结合"的原则,并指出法院调解是完全符合现代法治精神和司法要求的。"要纠正那种认为调解'违背现代法治原则',是'低水平司法'的错误认识,牢固树立调解是'高质量审判'、'高艺术司法'的观念,把调解作为案件的首要结案方式,解决好'重判轻调'的倾向,打牢'调解优先'理念的思想基础。"①

第二节 法院调解实践的评析

依据最高人民法院工作报告,2004年"诉讼调解结案的1334792件,调解结案率31%,许多基层法院调解结案率达70%以上";2005年,"加大司法调解力度,一审案件调解结案率32.1%,许多基层法院达70%以上";2006年,"全国法院审结的民事案件中,有30.41%的案件以调解方式结案,其中一审民事案件调解和撤诉率达到55.06%";2007年,"民事案件调解和撤诉率达50.74%";2008年,"各级法院经调解结案的民事案件3167107件,占全部民事案件的58.86%"。在连续5年的最高法院工作报告中,民事调解结案率逐年大幅提高。从一个更长的时间范围来看,法院调解结案率是最高人民法院关于调解的司法政策与取向是有直接关

---

① 遇波、李琦:《全国法院调解工作经验交流会召开》,载《法律适用》2009年第9期。

联的。见图 3-1、图 3-2:①

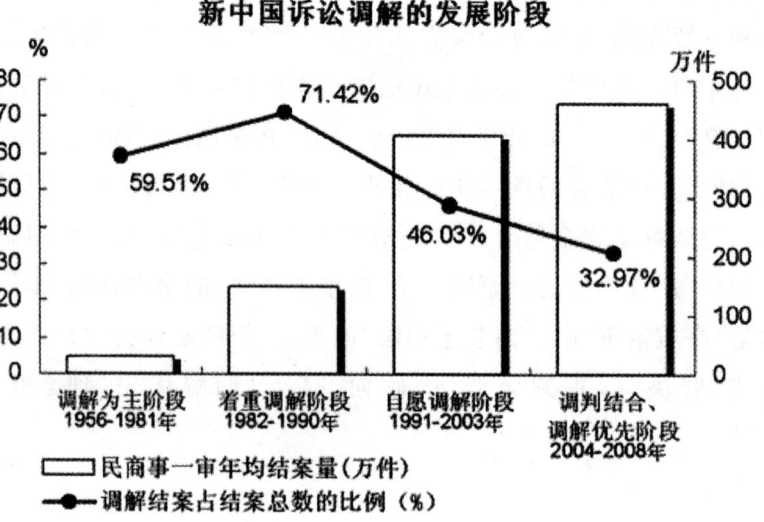

图 3-1

在实践中,法院调解也暴露出一些问题,主要表现在:一是强制性调解比较突出。调解的正当性基础在于合意,因此,现行民事诉讼法明确规定了调解的自愿原则。但在实践中,法院通常运用"拖"字诀与"压"字诀,进行强制调解。当然,也有学者认为调解中的强制与诱导是必要的、有益的,应当适度强化调解的"强制性"。②但笔者认为,强制性的调解既有违立法,又背离了调解的正当性基础,在实践中也带来了诸多的问题,比如申请再申的比率高、申请强制执行的比率高,案结事不了。因此必须贯彻自愿原则。

概括起来,调解的强制性主要表现在以下方面:一是有的立法规定调解是必经程序。如《婚姻法》第 32 条第 2 款规定"人民法院审理离婚案件,应当进行调解",依本条规定,调解是审理离婚案件的必经程序,调解

---

① 佟季:《新中国成立 60 年人民法院诉讼调解情况分析》,载《人民司法应用》2010 年第 7 期。

② 唐力:《在"强制"与"合意"之间:我国诉讼调解制度的困境与出路》,载《现代法学》2012 年第 3 期。

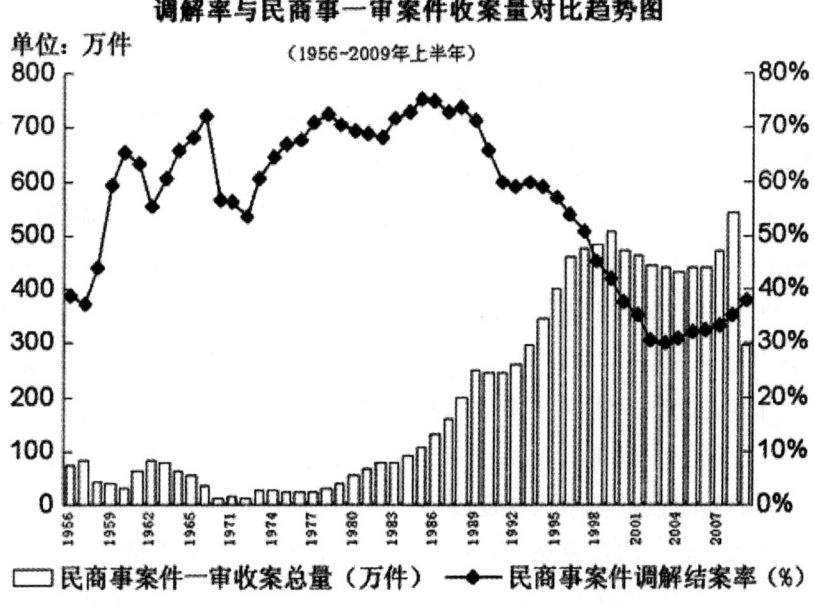

图 3-2

是法官必须履行的义务。此外,最高人民法院《关于适用简易程序审理民事案件的若干规定》第 14 条规定,人民法院在开庭审理下列 6 类民事案件时应当先行调解:婚姻家庭纠纷和继承纠纷;劳务合同纠纷;交通事故和工伤事故引起的权利义务关系较为明确的损害赔偿纠纷;宅基地和相邻关系纠纷;合伙协议纠纷;诉讼标的额较小的纠纷。当然,有必要指出的是,尽管 2012 年修订的《民事诉讼法》第 122 条确立了先行调解制度,即"当事人起诉到人民法院的民事纠纷,适宜调解的,先行调解,但当事人拒绝调解的除外",但仍然有"当事人拒绝调解的除外"的明确要求,即不得强制调解。以此为标准,最高人民法院《关于适用简易程序审理民事案件的若干规定》对 6 类案件一律先行调解的规定,与现行立法存在冲突。二是上诉程序与错案责任追究制度的结合,使调解成为法官减少风险的有利选择。如果采用判决的形式,案件上诉若被改判或被发回重审,将有可能作为错案从而追究法官的责任。而选择调解结案的,当事人无上诉权,可以避开错案追究的风险。三是行政诉讼中禁止调解制度的虚置。

我国《行政诉讼法》明确规定人民法院审理行政案件,不适用调解。但是司法实践中已经出现了另外一种形式的调解,即法院干预下的撤诉结案。这不是能动司法,而是明显的"有法不依","法院违法"!

当然,很难对强制调解作出定量分析,但既有的研究仍然足以表明强调调解确实存在。如中原 M 省 L 市中级法院课题组针对调解案件自动履行情况进行调研发现司法实践中强制调解的现象较为突出。调研组在 784 件信访案件中发现有 279 件系当事人反映法官强制调解,占全部信访案件的 35.59%。当事人反映法官在其不愿调解时一味做当事人工作,要求当事人同意与对方调解。更有甚者,法官以不调解不下判为由促使双方当事人调解。法官还采取"以拖促调"、"以压促调"等手段迫使当事人接受调解。该调研组发现在 784 件信访案件中 124 件系当事人反映法官久拖不判而强迫当事人接受调解,占全部信访案件的 15.82%。①

强制调解的原因很复杂,如案多人少的矛盾,法官个人的偏好,规避判决风险(调解结案的不能上诉,没有追究错案责任的风险,不用写判决书),个别案件事实难以认定,缺乏明确的法律依据等等。但其中极其重要的一个原因是,虽然最高人民法院的司法解释、文件中,均没有规定调解率。但在大部分的法院绩效考核体系中,调解率都是非常重要的一个指标。"调解率是当下法院审判绩效考核指标体系中的一项核心指标,各地法院均有一整套与年终评先、奖金挂钩极为详细具体的考核办法,有些法院甚至每月都对法官的调解率予以张榜公布"。② 其实,在现行的立法与司法解释中均找不到考核法官调解结案率的依据,但地方各级法院却在其绩效考核中纳入了调解结案率,其合法性本身就有疑问。除了调解结案率这一硬性因素之外,各地法院还开展了"法院调解能手"评选活动,对调解结案率高的法官进行奖励。这也刺激了法官调解的积极性,容易诱发强调性调解。因此,应该立即取消案件调解率,反对各种形式的唯数

---

① 中原 M 省国 L 市中院课题组:《转变调解着力点 提高调解"含金量"切实推进社会矛盾化解向纵深发展——绩效考核背景下调解案件自动履行情况的统计分析》。转引自张嘉军:《民事诉讼调解结案率实证研究》,载《法学研究》2012 年第 1 期。

② 王静:《司法成本的控制与节约——从规范调解的角度》,载景汉朝主编:《司法成本与司法效率实证研究》,中国政法大学出版社 2012 年版,第 55 页。

字论、唯指标论的不良导向,切实完善审判质量的评估体系。

二是调解合法原则被虚置。法治是规则之治,调解是人民法院行使审判权的重要方式,仍然必须坚持"以事实为依据,以法律为准绳"。当然,也有学者提出,法院调解不一定要"依法进行"。

依法调解在实践上难以成立。如果强调依法,法官完全可以判决结案,调解就是多余了。在调解实践中,很少严格依据法律的明文规定。判决的核心是法院强加于人。而调解的核心是纠纷当事人之间的合意。只要双方当事人愿意,即使某些旁人看来不大公道的合约条款,如果争议双方都接受,那也一定总体上来说对双方都有利,其中涉及利益的交换,即我在这方面吃点亏,你在另一方面要让一点。合约中的具体利害关系交换可能非常复杂,法官若严格依据法律规则来评判注定会发现其中有太多的"违法"之处,但当事人冷暖自知,是"周瑜打黄盖"的问题,是"青菜萝卜各人所好"的问题。调解相对于判决的好处就在于它充分发挥了契约的适用范围,压缩了国家制定法的强制性,或者说只要可以合约解决,就不使用国家强制力。因此,在可以调解了结纠纷的条件下,如果还强调依法,其实就是不想让调解成功。

如果理解了这一点,那么要想促进调解的发展,就必须适度摆脱法条的约束,放松对调解的"依法"要求。第一,调解可以依法,但着眼点不是依法,而是调解成功。第二,从社会角度来看,背离了法律的调解不一定就不公正,相反可能丰富对法律的理解,创造新的法律。第三,在不关注是否依法的调解中,法律仍然在起作用——现行法律规定始终会成为调解双方讨价还价的筹码。第四,调解中只要求作为调解者的法官不能从中谋利、有意偏袒一方,调解结果基本公道,距离中国社会的基本道德共识不能差距太大或过于迁就陈规陋习。①

从实践来看,调解中不合法、软化甚至破坏规则的情形不容忽视。如在一起保险理赔纠纷案件中,王某驾驶一辆已办理停驶手续的车辆发生交通事故,经抢救无效后死亡。王某的家属申请理赔。一审人民法院认为,依据双方签订的保险合同,因被保险人驾驶缺乏有效行驶证的机动车

---

① 朱苏力:《关于能动司法与大调解》,载《中国法学》2010年第1期。

造成被保险人死亡、伤残的,保险公司不负支付保险金责任,因而判决被告保险公司不负赔偿责任。王某的家属不服。在二审中,法院认定保险合同合法有约,确认保险公司不需要承担赔偿责任。但考虑到王某死后,其妻子和女儿没有收入来源,生活成了问题,于是办案法官没有维持原判,而是促成当事人达成调解协议,保险公司支付了6万元补偿金。[①] 又如在一起侵权赔偿纠纷案中,原告的母亲(年近90)在拦河坝下的水潭溺水身亡。死者的儿子把当地水利局和镇政府告上法院,要求赔偿。一审人民法院认为,在本案中被告没有主观过错,原告请求被告承担侵权责任于法无据,因此驳回了原告的诉讼请求。原告不服,提起上诉。二审法院以调解方式结案,两被告同意向原告支付3000元作为家庭困难的补助。[②] 在这两个案例中,依法不需要承担责任的被告,在法院主持的调解下,事实上承担了部分法律责任。在这样的调解中,民事实体法被虚置,《民事诉讼法》规定的自愿、合法、事实清楚、责任明确的调解原则也没有得到遵守与贯彻。

笔者认为,法院调解必须依法进行。与"依法裁判"的合法性要求相比,如果可以有所区别的话,底线就是"不得违反法律、行政法规的强制性规定",即类似于合同合法性的要求。对于人民调解与行业调解,则不仅可以依据法律、还可以依据政策,参考行业惯例、村规民约、社区公约和当地善良风俗等,只要不损害国家、集体与第三人权益。

三是调解中的权益保护不充分。通常而言,调解是以权利人的让步、牺牲部分权益前提的。当然,如果权利人的让步是完全自愿的,则属于当事人行使处分权,法院不应该也不需要干涉。然而,调解实践中往往伴随着法院的强制,因此当事人行使处分权也不完全是在自由与自愿的状态下进行的,往往是在法院反复做工作、做动员的基础上才达成协议。因此,这种牺牲债权人权益的调解方式就很难说是公正的。如在一起继承

[①] 参见彭宁燕、武子文:《无证驾驶身亡可不予理赔,法官努力调解家属获补偿》,载《人民法院报》2006年7月2日。

[②] 余银芳、黄义涛:《将心比心解开心结,各让一步握手言和》,载《人民法院报》2010年8月30日。

人清偿债务纠纷案中,两被告的儿子欠原告37500元,立有借据。2010年12月,两被告的儿子死于交通事故。2010年大年三十,原告带人到两被告家中催要借款,并酿成纠纷。派出所调解无效。2011年6月,原告诉至法院,要求两被告偿还37500元。开庭审理时,两被告未出庭,只有其一女儿旁听。庭后,法官一方面对两被告的女儿讲理释法,告知继承人应该在继承遗产的范围内偿还债务,希望她能够明白道理并为其父母排忧解难。另一方面又反复做原告的工作,希望原告能换位思考,两被告虽然应该清偿债务,但他们遭受了老年丧子之痛,且案件的执行也很困难。原告从最初的37500元,降至35000元、30000元、25000元、22000元,终于在20000元双方达成了一致意见。最终由两被告的女儿支付给原告。① 又如在一起汽车损害赔偿案件中,原告于1995年花13万元购得江南奥拓汽车一辆,在岳阳市区从事出租车营运,雇请被告为副班司机。1995年10月,被告将车开到了邵阳。后原告于1996年5月将车从邵阳追回,但车辆几近报废。2009年6月,原告在律师的援助下将被告起诉到法院,要求赔偿167000元。案件受理后,法院考虑到案件从发生至起诉,已经过了14年,原告尽管事实上受损,但举证相当困难,于是法院多次做原告的工作,要求其放弃部分诉讼请求,又从情理法理上给被告做工作,希望其能考虑到原告的实际情况,给予一定的赔偿。原告的诉讼请求从16万降至5万;被告也从一分钱不出,逐渐增加到2万元。在法官的反复调解之下,最终以被告同意赔偿35000元调解结案,并在签收调解书时履行完毕。在上述第一个案件中,权利义务关系十分明确、证据也很充分,法院通过反复做工作,促使原告不得不放弃部分债权(从37500元到20000元),达成了调解协议,"换取"了被告女儿的履行。在第二个案件中,基本事实也是清楚的,损害的认定也比较容易,但法院放弃了"事清责明"的原则,反复调解,表面上看最终当事人双方妥协,实质上是以原告放弃大部分权益为代价,达成调解协议并即时履行。

---

① 案例来源于岳阳楼区人民法院民一庭副庭长许东在评为全市法院调解能手上的讲话,http://yylqfy.chinacourt.org/public/detail.php?id=555,访问时间:2013年6月24日。

四是调判关系的定位不当。有人类就有纠纷。现代国家原则上禁止私力救济,因此国家与社会就必须提供相应的纠纷解决机制。法院调解是以合意为正当性基础的纠纷解决机制,判决的正当性是建立在严格依照实体法与程序法规范基础之上的,因此两者的原理不同。然而,由于国家司法资源的有限,司法成本的高昂,作为替代性纠纷解决机制的调解就受到了相当的重视。任何纠纷解决机制的设计必须与纠纷本身的类型与性质相适应,换句话说,该调解的要调解,该判决应判决,不能厚此薄彼,人为地强调调解与判决孰优孰劣。无论是调解还是判决,能有效解决纠纷、化解矛盾的方式才是好的。① 而是否适用调解,难以在法律上加以界定,需要法官在实践中把握。

如在山东鲁锦实业有限公司诉鄄城县鲁锦工艺品有限责任公司、济宁礼之邦家纺有限公司案中,②山东鲁锦实业有限公司(以下简称山东鲁锦公司)于 1999 年申请注册了"鲁锦"文字商标。2007 年前后,山东鲁锦公司发现,市场上有大量鄄城县鲁锦工艺品有限责任公司(以下简称鄄城鲁锦公司)生产、济宁礼之邦家纺有限公司(以下简称济宁礼之邦公司)销售的、在显著位置上标有"鲁锦"字样的产品。原告山东鲁锦公司起诉至法院,要求鄄城鲁锦公司、济宁礼之邦公司停止生产、销售带有"鲁锦"字样的侵权产品,鄄城鲁锦公司去掉企业名称中的"鲁锦"两字,并赔偿经济损失 50 万元。一审法院支持了原告的诉讼请求。山东省高级人民法院二审时认为,在 1999 年山东鲁锦公司将"鲁锦"注册为商标之前,"鲁锦"已经成为山东民间手工棉纺织品的通用名称,"鲁锦织造"技艺是国务院认定的非物质文化遗产。因此认定鄄城鲁锦公司、济宁礼之邦公司的使用、销售行为是商标的合理使用行为,不构成侵权,也不构成不正当竞争。

《中华人民共和国商标法实施条例》第四十九条规定:"注册商标中含有的本商品的通用名称、图形、型号,或者直接表示商品的质量、主要原

---

① 近来学者指出类似观点,并主张在立法层面实行调解与审判分离。参见李浩:《调解归调解,审判归审判:民事审判中的调审分离》,载《中国法学》2013 年第 3 期。

② 《中华人民共和国最高人民法院公报》2010 年第 1 期。

料、功能、用途、重量、数量及其他特点,或者含有地名,注册商标专用权人无权禁止他人正当使用。"据此,即使某一通用名称被注册为商标,其他人使用该注册商标的行为也是合理的,并不构成侵权。然而,何为"通用名称",现行立法与司法解释并没有明确的界定。山东省高级人民法院在无前例可循、法律规定不甚明确的情况下,坚持"利益衡量"和"平等保护"的原则,依据基本的法理,认为商品的通用名称应从广泛性与规范性两个方面来判断。而对地域性的商品通用名称,认定广泛性应以特定地区与公众的接受程度作为依据,并不要求在全国广泛使用;判断规范性应以相关公众认可与指代明确为标准,并不一定要符合科学原理。结合本案,山东省高级人民法院确立了明确的认定依据:该商品名称是否在一定地域范围或行为领域得到普遍认可;该商品名称所指代的商品生产技术与工艺是否经某一地域内长期共同劳动实践形成;该名称所指代的商品生产原料是否在某一地区普遍生产。依据上述标准,山东省高级人民法院认定"鲁锦"是山东民间手工棉纺织品的通用名称,应该对商标专用权与商品通用名称予以同等保护。

在审判权的行使方式上,法院认为,本案当事人以及潜在的当事人对于判明是非的期待非常高,全社会对于明确行为规则的要求十分强烈。不应该"就案办案",而应以"能动司法"的理念为指导,不仅要着眼于解决当事人之间的矛盾与纠纷,而且应该通过本案的裁判,规范山东民间纺织品市场竞争秩序,向社会传递司法导向和价值追求,以发挥司法的规范、引导功能,指导同类纠纷的理性解决,避免和预防类似纠纷的发生。在调解不成的情况下,法院及时判决。通过这个案件的判决,明确了具有地域性特点的商品通用名称的认定标准。

再看引起全社会高度关注的南京"彭宇案"。该案的基本情况:2006年11月20日,南京男子彭宇在公共汽车站将倒地的老太太扶起并协助送其去医院检查,查出严重受伤后,老太太认定是彭宇将其撞倒,要其承担数万元医疗费被拒绝后,老人向鼓楼区法院起诉,要求彭宇赔偿各项损失13万多元。2007年9月3日,南京市鼓楼区法院对彭宇案做出了一审判决,称彭宇自认其是第一个下车的人,从常理分析,他与老太太相撞的可能性比较大。判决彭宇补偿原告损失的40%,即45876元。双方当事人不服皆提起上诉。2008年3月15日,全国人大代表、江苏省高级人民法院院长接受采访时透露,南京彭宇案双方当事人在二审期间达成了和解协议,并且申请撤回上诉,最后案件以和解撤诉结案,且双方当事人对案件处理结果都表示满意。

本案二审以调解结案,结果也没有公开。司法没有对这个案件给出裁判规则,没有给人们的行为提供明确的指引,人们难以预测自己行为的法律后果。因此,本案可能带来了负面效应。据媒体报道,后来发生多起老人倒地无人敢扶的事件。2011年9月27日,中央文明办专职副主任王世明同志在谈及"老人倒地无人搀扶"现象时表示,这绝不是中国人的道德观,扶老携幼、扶危济困是中国人不容置疑的价值判断。"有的被扶老人及家属冤枉了好人,委屈了好人,导致了老人跌倒无人敢扶,这是不该发生的事,是一些人在道德取向上一时之间犯了糊涂,这让我们很遗憾。中国人很关注这种事,不赞成这种事。"

再看一件因环境污染导致的侵权损害赔偿案。

本案的基本案情是:①2003年9月,原告厉夫金与村民委员会签订了土地承包合同,由其承包村里94亩连片土地经营高效农作物,后厉夫金在承包地里种植了桃树。被告江苏省徐州铜利铸造有限公司(以下简称铜利公司)是一家经营生铁冶炼、铸件铸造等的钢铁生产企业。该公司位于厉夫金的桃园附近,厉夫金发现,铜利公司排放的烟尘飘落在其桃树的叶子、花朵和幼果上,导致许多幼果出现了萎缩。厉夫金认为,铜利公司排放的烟尘影响了桃树生长,造成桃园减产,给其造成了经济损失。双方曾就2005年度桃园的赔偿问题达成协议,由铜利公司补偿厉夫金5000元,但就2006年的赔偿问题未能达成一致意见。2006年6月,厉夫金委托铜山县果树技术指导站对桃树受损的情况进行估价,该站在勘查现场后,作出了果树受损价值估算证明,认为春夏季节是桃树的生长发育时期,铜利公司向外排放烟尘,严重影响了桃树的授粉受精、叶片的光合作用、呼吸作用和果树生长,经随机抽查,该站参照相关文件规定的标准,计算出厉夫金桃树损失的产量为52339.2斤,按市场均价计算,总产值损失

---

① (2006)铜民一初字第1889号。

为 78508.8 元。厉夫金据此向法院起诉,请求判令铜利公司赔偿其经济损失 78508.8 元。

江苏省铜山县人民法院一审判决被告赔偿原告 78508.8 元。被告铜利公司不服一审判决,提起上诉。徐州市中级人民法院二审认为,本案是一起因环境污染引起的损害赔偿案件,根据法律和相关司法解释的规定,该类案件适用特殊的举证责任分配规则,即受害人应当证明其受损害的事实,加害人应当就法律规定的免责事由及其行为与损害结果之间不存在因果关系承担举证责任。对铜利公司排放烟尘的行为和厉夫金桃园受到的损害后果之间是否有因果关系这一争议事实,人民法院依法负有向当事人释明的职责,释明本案举证责任的分配规则、负担举证责任的当事人应当申请鉴定以及不申请鉴定的法律后果。铜利公司在二审程序中称一审法院未对该案举证责任的承担和鉴定事项进行释明,一审法院的开庭笔录对此也记载不清,故原判决认定事实不清。据此撤销原判,发回铜山县人民法院重审。

铜山县人民法院在重审过程中,法官依法向双方当事人行使释明权,明确了本案举证责任的分配规则和鉴定的相关法律规定。铜利公司随即申请对桃园的损害事实与其排放的烟尘之间有无因果关系进行鉴定,并称如有因果关系,再申请对厉夫金挑园的具体损失予以鉴定。双方当事人经过协商,均同意委托铜山县环保局进行鉴定。但在法院委托鉴定后,铜山县环保局以受技术条件限制为由拒绝鉴定。后双方又协商欲申请一家省级鉴定机构进行鉴定,但因该鉴定机构要收取 11.5 万元的鉴定费,而该鉴定费用已远远超过厉夫金起诉索赔的标的额,诉讼成本明显过高,这样的鉴定对解决纠纷也不具备实质意义。此时,本案已跨年度历经两级法院的三次审理,但仍难以彻底查清案件事实,而且讼争的 2006 年度桃园的赔偿争议尚未得到解决,又马上面临着如何解决 2007 年度桃园的赔偿问题,双方当事人的对立情绪日趋增加,解决纠纷的难度也越来越大。

对此,法官没有简单地仓促判决结案,而是从一般社会公众所认可的经验常识和逻辑规则出发,认定铜利公司排放烟尘和厉夫金桃园的损害后果之间具有一定的因果关系,铜利公司应当承担一定的赔偿责任。在此基础上,法官通过向双方当事人行使释明权,明确双方各自的权利义务,说明法院如果彻底查清事实、依法裁判所可能给双方带来的有利和不利后果,告知双方当事人法院审判案件的基本思路,即努力追求既要解决纠纷、实现双方当事人正常的生产经营和今后的和睦相处,又要尽可能地降低诉讼成本,减少当事人的损失。经过法官的释明和耐心细致的调解,双方当事人于 2007 年 7 月 27 日达成调解协议:被告铜利公司给付原告厉夫金 2006 年赔偿款 4000 元,于 2007 年 10 月 30 日前付清;铜利公司给付厉夫金 2007 年赔偿款 30000 元,于 2008 年 1 月 30 日前付清;从 2008 年起,在厉夫金实际承包期间,铜利公司每年给付厉夫金赔偿款,赔偿款以 30000 元为基数并按国家统计局公布的国民经济和社会发展统计公报公布的农产品生产价格升降指数做相应调整,给付至厉夫金不在争议的承包地种植桃树为止,于每年的 7 月 30 日前给付。①

  上述第一个案例,法院通过判决向社会输出了裁判规则,该案的判决不仅直接约束了当事人,而且对整个山东地区的手工棉纺织品的生产和销售都发挥了引导与规范作用,促进了鲁西地区鲁锦产业整体的发展,能动地促进了经济社会发展。相反,引起广泛关注的"彭宇案",二审以调解方式结案,裁判规则不明确,结果不公开。随后发生的一系列案件,不能说与此无关。在第二个案例中,由于认定被告排污行为与原告损害之间是否存在因果关系的鉴定费用高昂,远远超过了原告诉求的金额。如果继续进行鉴定,再认定损失的大小,诉讼成本实在太高,因此法院选择以调解方式处理,得到了当事人的认可与支持。而且,本案的调解方案,既解决了已经造成的实际损害,又对未来可能发生的争议作出了妥当的安

---

  ① (2006)铜民一初字第 1889 号;(2006)徐民一终字第 1957 号;(2007)铜民一初字第 508 号。

排。而如果采用判决的方式,我国立法对于将来给付之诉缺乏规范。①
因此,是调解还是判决,需要具体案件具体分析,需要尊重当事人的程序
选择权。

第三节 本章小结

法院调解在定分止争中确实发挥了非常重要的作用。但其毕竟是人民法院行使审判权的重要方式,是以合意为正当性基础的。因此,应该坚持现行立法确立的"自愿、合法"原则,做到"事实清楚、责任明确",避免"和稀泥"式的调解与强制性的调解。应当准确定位调解与判决的关系,避免过分强调调解或判决,调解与判决并无优劣与高下之分,而是各有特

---

① 对于将来造成的损害,原告能否主张权利,日本提供了一个很好的案例。案件发生在 20 世纪 60 年代的日本,由于大阪机场不断扩大,附近的居民不堪噪音之苦,分别向大阪地方法院提起了三次诉讼,后大阪地方法院将三次诉讼合并审理。其中,在 1969 年 12 月提起的第一次诉讼中,原告向被告日本政府提出"从 1970 年 1 月 1 日开始,到被告全面实行了禁飞(晚 9 时到第二天上午 7 时)之日止,被告每月应向原告支付 1 万日元的精神损害补偿费"的诉讼请求。该请求涉及的事项因尚未发生故属于将来可能造成的损害。第二次诉讼与第三次诉讼中,原告均对将来的损害提出了赔偿请求。但大阪地方法院仅对原告的现实损害作出了认定,而对将来损害赔偿之请求予以驳回。一审判决作出后,双方均不服,向大阪高等法院提出控诉审。大阪高等法院就损害赔偿部分审理后认为:"对于将来的损害赔偿,认为被告将来对于原告侵害的可能性极大,因此,可以推定原告将会遭受同样的损害,故对原告所主张的这一部分赔偿,也应予以认定。"法院据此判决被告"从 1975 年 6 月 1 日起到夜间起降全面禁止实现之日止,每个月支付原告每人 11000 日元"。对控诉审判决,被告不服,向最高法院提出了上告,理由之一便是"大阪高等法院承认原告对于未来的损害予以赔偿的要求没有法律依据"。最高法院的多数派认为:"原告要求被告对将来继续飞行造成的损失予以赔偿的请求,因不具备诉讼条件应予以驳回";少数派则认为:"作为请求权发生的事实关系是存在的。该侵害行为到目前还没有停止,将来还会继续危害居民的健康这一事实也应该予以承认……"根据少数服从多数的原则,最高法院于 1981 年作出了终审判决,否定了大阪高等法院支持将来损害赔偿请求的判决。后当事人双方达成和解,原告的赔偿请求基本获得满足。参见:冷罗生:《日本公害诉讼理论与案例评析》,北京商务印书馆,2005 年版,第 71~89 页。

色,各有所长。① 在遵循自愿原则与当事人程序选择权的前提下,根据具体的案件类型、性质与案情来决定是采用调解还是判决解决纠纷。案件是判决结案好还是调解结案好,应视具体情况而定,绝没有道理说调解永远优先。我们要实现的目标是"让人民群众在每一个司法案件中都感受到公平正义"。

---

① 极端的事例是,2009年河南省南阳市中级人民法院为了响应河南省高级人民法院开展的"调解年"活动,在全市基层法院的各个法庭中开展"零判决竞赛"活动。

第四章 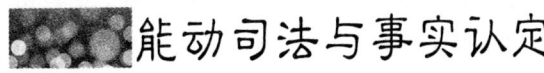能动司法与事实认定

第一节 事实认定方式的变化

在诉讼程序中,人民法院的基本职能就是在认定事实的基础上正确适用法律,从而作出公正的裁判。认定事实是正确适用法律、作出公正裁判的基础。因此,如何设计科学高效、切实可行的真相发现机制来发挥当事人与人民法院的作用,准确认定事实,就是司法制度与司法审判中的重大课题。在我国,对于事实认定中法院与当事人职责的分工与作用的分担,无论是诉讼理念还是诉讼制度,都经历了一个变化与发展的过程。

新中国的司法制度起源于中国共产党建立的革命根据地的司法审判。在革命根据地时期,司法审判的主要目的不只是解决纠纷,而是要服务于当时社会的治理与革命任务的完成。司法呈现明显的治理化倾向。① "马锡五审判方式"将发现案件客观事实作为审判的中心任务;以询问、走访为主要手段,强调走群众路线,征求群众意见,逐步形成了以实

---

① 强世功:《法制与治理——国家转型中的法律》,中国政法大学出版社2003年版,第15页。

体正义为价值取向的人民司法传统。作为毛泽东的"移风易俗,改造中国"的伟大任务的组成部分,"马锡五审判方式"并不仅仅是一个普通的司法过程,同时还是进行政治意识形态改造和国家法律宣传的过程,是对民间传统习俗进行鉴别和改造、对全体民众进行政治动员的过程。① 马锡五审判之所以要强调走群众路线,就地审判、巡回审判、调查研究,是因为这样做有利于发现案件的真相,查明案件的客观事实。当然也可以发挥审判的政治动员与教育功能。而且,从当时的诉讼理念来看,认为查明案件事实是审判机关的当然职责。

新中国成立之初,革命根据地司法传统得以继承与发展,强调司法为政治服务,关注实体公正。为了有效打击反革命犯罪,维护新生的人民政权,在司法审判的过程中出现偏差,1956年,在最高人民法院和司法部联合召开的第三届全国司法工作会议上,时任全国人大常委会副委员长的彭真同志指出,人民法院审理案件要遵循"事实是根据,法律是准绳"的原则,以"事实"和"法律"作为裁判活动的根本依据,对审判工作中的主观随意性进行约束和限制,使处理的案件真正做到正确合法。这是我国司法理念上的一次巨大进步。遗憾的是,"文化大革命"使国家的法制建设遭受严重的破坏。

"文革"结束以后,党和国家把工作的重心转移到经济建设上来,民主法制建设受到了前所未有的重视。确立了"有法可依,有法必依,执法必严,违法必究"的十六字方针。"以事实为根据,以法律为准绳"原则再次得到肯定与强调。1979年的《刑事诉讼法》和1982年的《民事诉讼法(试行)》、1989年的《行政诉讼法》都对该原则作了明确规定。裁判"以事实为根据,以法律为准绳"与我党长期以来坚持实事求是的思想路线保持高度一致,也符合人民群众对司法公正的期待与想象,因而获得到了广泛的认同与接受,甚至成为一种司法的意识形态。在具体的诉讼实践中,当事人诉诸法院之后,法院在开庭前进行广泛的调查取证、座谈走访,以便查清案件事实,把案件基本"摸清搞准",开庭反而成为"走过场"、"可有可

---

① 强世功:《法制与治理——国家转型中的法律》,中国政法大学出版社2003年版,第3页。

第四章 能动司法与事实认定

无"了。

随着改革开放的深入,社会纠纷大量进入法院,案多人少的矛盾相当突出。如何提高司法效率成为人民法院不得不面对的新问题。与此同时,法学界对我国传统上实行的超职权主义诉讼模式展开了批判,程序正义的理念开始萌芽。① 在超职权主义模式下,主要由法官承担查清案件事实的责任,导致诉讼效率低下,并且影响法官中立,给权力"寻租"留下了许多空间;同时,法学界对"以事实为依据"中的"事实"进行了分析,认为"客观真实"的证明标准不适用于民事诉讼,应以"法律真实"取而代之。②

由于司法实践中提高诉讼效率的现实要求与学理上对超职权主义诉讼模式的批判,1991 年修订的《民事诉讼法》确立了"谁主张,谁举证"的原则,法院只对当事人提交的证据进行审核。在诉讼中,双方当事人按照程序规则进行辩论,法官居中裁判,裁判结果是当事人庭审对抗的结果。事实由当事人提交证据来证明,如果当事人举证不充分,就由自己承担败诉的后果。只要诉讼按照法律规定的程序进行,就认为裁判结果是正当的。与最高人民法院的这一改革相呼应,理论界对"以事实为依据"的理解与认识也发生了很大的变化。长期以来,我们将"以事实为根据"中的"事实"理解为纠纷发生的客观事实,这一事实是可以认知的,法院的裁判必须以案件发生的客观事实为依据。而当时的反思认为,案件的客观事实都是过去发生的,在时间与空间上都是不可逆转的,而诉讼活动是一种特殊的认识活动,诉讼的目的不在于发现客观真实,而是要在法律规定的时间内对案件作出裁判。对案件事实的认定只能是间接的、事后的,要遵守法律规定的期限限制,因此不一定符合客观真相。因此,"以事实为根据"只能是一种诉讼理想而不可能成为现实,若以之指导司法审判实践是非常有害的。主张应以"以证据为根据"取代"以事实为根

---

① 张卫平:《当事人主义与职权主义》,载《外国法学研究》1993 年第 1 期;张卫平:《民事诉讼基本模式:转换与选择之根据》,载《现代法学》1996 年第 6 期;张卫平:《事实探知:绝对化倾向及其消解》,载《法学研究》2001 年第 4 期。

② 蔡彦敏:《对以事实为依据以法律为准绳原则的重新释读》,载《中国法学》2001年第 2 期。

据"。因为"以证据为根据"更有利于在公众心中树立起证据意识,从而避免造成误导。① 到了 2001 年,最高人民法院发布了《关于民事诉讼证据的若干规定》,第 63 条明确规定人民法院"应当以证据能够证明的案件事实为依据依法作出裁判"。

然而,这种理念与制度的变化,带来了诸多的问题,与人们的正义观念发生了冲突。② 以下有一件典型案例,2001 年 9 月 3 日,原告李兆兴持借款借据等证据材料向广东省四会市人民法院提起诉讼。该借条的内容为:

> 今借李兆兴现金壹万元正(10000 元)作购房之用(张妙金跟陈超新购入住房一套),现定于今年八月底还清,逾期不还,将予收回住房。
>
> 此致
>
> 借款人:张妙金、父张坤石、母陆群芳、妹张小娇
> 2001 年 5 月 1 日

李兆兴诉称被告未按期还款,诉请求法院判令归还借款和利息并承担诉讼费。四会市人民法院适用简易程序审理本案,由审判员莫兆军审理。

2001 年 9 月 27 日,莫兆军开庭审理本案,原、被告双方确认借条上"张坤石、陆群芳、张小娇"的签名均为其三人本人所签,而签订借据时张妙金不在现场,其签名为张小娇代签。但被告张小娇辩称,借条是因 2001 年 4 月 26 日其装有房产证的手袋被一名叫冯志雄的人抢走,其后该冯带原告李兆兴到张家胁迫其一家人签订的,实际上不存在向原告借款的事实;事发后张氏一家均没有报案。当天的庭审因被告一方表示不同意调解而结束。庭审后,莫兆军根据法庭上被告张小娇的辩解和提供的证人冯志雄的联系电话,通知冯志雄到四会市人民法院接受调查,冯志雄对张小娇提出的借条由来予以否认。

2001 年 9 月 29 日,四会市人民法院作出判决,判令被告张坤石、陆

---

① 董林华:《"以事实为根据"的提法质疑》,载《河北法学》1999 年第 3 期。
② 裁判可接受性的概念得到了关注,如陈景辉:《裁判可接受性概念之反省》,载《法学研究》2009 年第 4 期。

第四章 能动司法与事实认定

群芳、张小娇于判决生效后 10 日内清还原告李兆兴的借款一万元及利息,并互负连带清还欠款责任;被告张妙金不负还款责任。同年 10 月 12 日,判决书送达双方当事人。被告认为判决不正确,表示将提出上诉。但至上诉期限届满,被告没有上诉。

2001 年 11 月 8 日,李兆兴申请执行。法院于 13 日向张坤石等人送达了执行通知书,责令其在同月 20 日前履行判决。同月 14 日中午,被告张坤石、陆群芳夫妇在四会市人民法院围墙外服毒自杀。

自杀事件发生以后,经四会市公安机关侦查,查明李兆兴起诉所持的"借条"确是李兆兴与冯志雄劫取张小娇携带的"国有土地使用证"后持凶器闯入张家,胁迫张坤石、陆群芳、张小娇写下的。

随后,广东省肇庆市人民检察院指控莫兆军犯玩忽职守罪。一审判决无罪。广东省高级人法院二审认为,莫兆军在民事案件的审理与裁判中依照法定程序,履行了法官的职责,按照民事诉讼证据规则认定案件事实并作出判决,没有出现不负责任或不正确履行职责的玩忽职守行为,当事人自杀与莫兆军的职务行为之间不存在刑法上的因果关系,其行为不构成玩忽职守罪。

在上述李兆兴诉张妙金等借款纠纷案中,原告出具了借款借据、国有土地使用证、购房合同等证据,尽管被告提出了借款借据是受胁迫的抗辩,但没有其他任何证据支撑。法官依法传唤了证人,证人对胁迫书写借据表示否认。在这种情况下,法官依据"盖然性优势"的证明标准,确认法律上的事实——当事人之间的借款关系——成立。依法判决被告偿还本金与利息是合法的。审理本案的法官莫兆军被起诉后,肇庆市中级人民法院与广东省高级人民法院均认为,法官莫兆军依照民事诉讼法的相关规定,依法履行了职责,按照民事诉讼证据规则来认定事实并作出判决,不构成玩忽职守行为。

然而,经四会市公安机关侦查后查明,被告确实是在受到原告胁迫之后才写下借据的,根本不存在借款关系。如果不是两被告"以死相争",公安机关的介入,事实真相未必能得以呈现。从制度上来看,仅仅依靠当事人举证,对于当事人因客观原因不能收集或者难以收集到的证据,人民法院如果不收集证据,将发现真相的责任完全由当事人承担,在我国目前的现实条件下,不可避免地会产生许多问题。上述案例尽管只是一个特例,但仍然可以反映一些问题。检察院与法院对于法官行为的认识就存在完全相反的认识。

"以事实为根据"是一个"应然"层面上的价值要求,而非一个"事实"上的判断,它所要表达的是司法裁判"应当"以事实为根据,而非"是"以事实为根据。① 在案件的审判中,法官并不需要也不大可能查清楚案件的全部事实,只需要认定"有特定法律意义的冲突过程中的某些事实,而非冲突由始至终所出现的一切事实"。② 确立"法律真实"标准,能够将抽象的"客观真实"概念转化为反映司法认知规律和特征、具有现实操作性的概念,使"客观真实"标准所要求的"符合案件的真实情况",转为"符合案件证据情况"的"法律真实"标准。当然,"以事实为根据"中的"事实"应当以"客观事实"为归依,唯有这样才符合司法追求公正的要求。尽管由于存在各种主客观因素的制约,我们难以做到对每一个案件事实的认定都符合客观真实,但这不应当成为放弃追求"客观真实"的理由,否则司法裁判满足于"法律真实",就会发生前述悲剧,司法就会丧失正当性。此外,"以事实为根据"中的"事实"应当以"证据证明的事实"为基础。在具体的司法裁判中,待证事实只有通过证据资料才能证明。因此,法院裁判只能依据"证据证明的案件事实"而不可能是其他事实。现代社会,基于人权保障以及其他因素的考量,还建立了非法证据的排除规则,排除非法方式取得的证据可能阻碍客观事实的发现。因此,审判中对案件事实的认定,只能是"法律真实"标准,而并非"客观真实"。

---

① 张志铭:《裁判中的事实认知》,中国法理网,http://www.jus.cn/ShowArticle.asp?ArticleID=1015?,访问时间:2013年9月8日。

② 柴发邦:《体制改善与完善诉讼制度》,中国人民公安大学出版社1991年版,第866页。

第二节　能动司法与事实认定

如前所述,在事实的认定上,我国经历了由法院查清事实到认定事实的变化,这种变化大致反映了我国民事诉讼由超职权主义到当事人主义转变的过程。在超职权主义模式下,由法院负责查明事实,承担收集、调查取证的任务。在当事人主义模式下,当事人承担举证责任,法院负责审查证据的合法性、关联性与客观性。在由超职权主义模式向当事人主义模式转换的过程中,程序正义的理念发挥了重要作用,更为重要的是,这一转换至少从形式满足了上减轻法院的负担,提升诉讼效率的追求。但问题也随之而来,由于我国还处于社会转型时期,人们的知识文化水平、法律意识与诉讼能力还存在较大的差异,还无法独立承担在诉讼中呈现案件事实的责任。就人民的期待与认识而言,也与单纯的程序正义观念存在冲突,当事人希望到法院寻求帮助,法院能将案件事实查得清清楚楚,对事实负责。基于能动司法的理念,法院与法官就不仅仅是事实的认定者,还应该是事实的发现者,不能满足于"汝给我事实,我给汝法律"的消极角色。法官应该在法律允许的范围内,运用好自由裁量权,[①]在事实认定与发现中发挥积极的作用。事实主要是依靠证据来证明的,因此,司法能动性在事实认定中的作用,也主要体现在对证据的证据能力、证明责任分配、证明力大小的衡量与评判等问题上。

第一,证据能力的审核。现代诉讼采证据裁判主义,对案件事实的认定必须以证据为基础,诉讼证明是运用证据证明过去发生的事实的回溯性活动。正是在这个意义上,证据被誉为是诉讼证明的基石。在英美法系国家,由于诉讼机制的设计是以陪审团为原型的,考虑到陪审团是法律的外行,容易受到误导,因此对证据能力的限制规则较为丰富。"鉴于陪审员对于证据之评价,不甚熟悉,自应由经验丰富的裁判官加以说示,而

---

① 江必新:《论司法自由裁量权》,载《法律适用》2006年第11期。

其说示,又不能无一定之标准,乃设有排除规则限制无关联性之证据、偏颇之证言、虚伪之证言或足致陪审员因本身之感情与同情之偏见、易于发生错误之证据,提出于法庭,使陪审员,仅得凭其合理性且富有安全性证明力之证据,而为合理之判断。"①大陆法系国家更加重视发挥职业法官的作用,而法官是训练有素、理性睿智的法律专家,不必担心会被某些证据所困扰而作出错误裁判。"为发挥职权主义之精神,对于证据能力殊少加以限制。凡得为证据之资料,均具有论理的证据能力。"②因此,大陆法系国家很少对证据能力作出限制。我国沿袭大陆法系国家传统,对证据能力的规则非常少。依据三大诉讼法的规定与学界的通说,证据应该具有三性:即客观性、关联性与合法性。客观性与关联性是证据与待证事实之间的联系,为事实评价。从本质上说,合法性不是证据本身必然应该具有的品格,而是法律为了满足某种价值观念的需要从外部强加于证据的特征,是一个价值判断或正当性问题。一般认为,证据的合法性是指证据从形式与来源上合乎法律规定,而没有不可采信的理由。某证据虽然具有关联性,但仍然有可能出于各种利益的考虑,通过各种规则而被排除。我国现行法律中,证据的法律性主要表现为证据必须具有法律规定的形式和由法定的人员依照法定的程序收集、查证和运用。即使证据具有客观性、关联性,能够证明待证事实,但只要其不具备合法性,就不能作为证据采纳。因此,法官对证据合法性的审查与判断具有至关重要的意义。就民事诉讼证据而言,我国现行立法对证据能力没有具体明确的规定,证据的合法性规则也是由最高人民法院的司法解释来规范(如《关于民事诉讼证据的若干规定》第68条的规定,以侵害他人合法权益或者违反法律禁止性规定的方法取得的证据,不能作为认定案件事实的依据)。因此在审查与判断过程中需要法官发挥主观能动性。

以北大方正集团有限公司(以下简称北大方正公司)、北京红楼计算机科学技术研究所(以下简称红楼研究所)诉北京高术天力科技有限公司

---

① 陈朴生:《刑事证据法》,台湾三民书局1979年版,第280页。
② 樊崇义:《刑事诉讼法实施问题与对策研究》,中国人民公安大学出版社2002年版,第188页。

(以下简称高术天力公司)、北京高术科技公司(以下简称高术公司)计算机软件著作权侵权纠纷案为例。基本案情为:北大方正公司、红楼研究所是方正世纪 RIP 软件(以下简称方正 RIP 软件)、北大方正 PostScript 中文字库(以下简称方正字库)、方正文合软件 V1.1 版(以下简称方正文合软件)的著作权人。高术天力公司、高术公司曾为北大方正公司代理销售激光照排机业务,销售的激光照排机使用的是方正 RIP 软件和方正文合软件。1999 年 5 月间,由于双方发生分歧,导致代理关系终止。高术公司于 2000 年 4 月 17 日与网屏公司签订了销售激光照排机的协议,约定高术公司销售 KATANA-5055 激光照排机必须配网屏公司的正版 RIP 软件或北大方正公司的正版 RIP 软件,若配方正 RIP 软件,高术公司必须通过网屏公司订购北大方正公司正版 RIP 软件。

2001 年 7 月 20 日,北大方正公司某员工以个人名义与高术天力公司签订了合同,约定的供货内容为 KATANA FT-5055A 激光照排机(不含 RIP)。合同签订后,北大方正公司分别于 2001 年 7 月 20 日和 8 月 23 日,向高术天力公司支付部分货款。2001 年 8 月 22 日,高术天力公司为该员工安装了激光照排机,并另两台计算机内安装了盗版方正 RIP 软件和方正文合软件,并提供了刻录有上述软件的光盘。应北大方正公司的申请,北京市国信公证处先后于 2001 年 7 月 16 日、7 月 20 日、7 月 23 日和 8 月 22 日,分别对北大方正公司的员工与高术天力公司联系购买 KATANA FT-5055A 激光照排机设备及高术天力公司在该激光照排机配套使用的北大方正公司自备计算机上安装方正 RIP 软件、方正文合软件的过程进行了公证,并对安装了盗版方正 RIP 软件、方正文合软件的北大方正公司自备的两台计算机及盗版软件进行了公证证据保全。2001 年 9 月 3 日,北大方正公司、红楼研究所以高术天力公司、高术公司侵犯了其著作权为由诉至北京市第一中级人民法院。①

北京市第一中级人民法院判决原告胜诉。被告不服,向北京市高级人民法院上诉。其主要上诉理由是原告采取"陷阱取证"的方式是违法

---

① (2006)民三提字第 1 号,中国法院网,http://old.chinacourt.org/public/detail.php? id=330929。访问时间:2012 年 6 月 20 日。

的,所获得的证据不能采信。

北京市高级人民法院认为,原告北大方正公司、经楼研究所购买激光照排机是假,欲获取高术天力公司、高术公司销售盗版方正软件的证据是真。原告的取证方式不是获取被告侵权证据的唯一方式,这种取证方式有违公平原则,如果被广泛利用,将破坏正常的交易秩序,故对该取证方式不予认可。因此,二审法院作出了部分维持、部分改判的判决。①

北大方正公司、红楼研究所不服二审判决,提出再审申请。北京市高级人民法院经审查,于2003年8月20日驳回北大方正公司、红楼研究所的再审申请。北大方正公司、红楼研究所不服,向最高人民法院申请再审。

最高人民法院审理后认为,根据《民事诉讼法》的规定,经过公证程序证明的法律事实,除有相反证据足以推翻的外,人民法院应当作为认定事实的根据。一审被告安装盗版软件是经公证证明的事实,因一审被告无相反证据足以推翻,对该事实的真实性应予认定。取证的方式必须合法,如果取证方式本身违法,即使是为公证所证明,该证据也不能作为认定案件事实的依据。二审法院认定北大方正公司取证方式不合法性,却又认可该证据所证明的案件事实,是不妥当的。

在民事诉讼中,法律对于"违法性"的判断标准没有进行列举,因此存在较大的裁量空间。对于法律没有明文禁止的行为,要根据行为实质上的正当性进行判断。就本案而言,北大方正公司通过公证取证方式,不仅取得了高术天力公司现场安装盗版方正软件的证据,而且获取了其向其他客户销售盗版软件,实施同类侵权行为的证据和证据线索,其目的并无不正当性,其行为并未损害社会公共利益和他人合法权益。加之计算机软件著作权侵权行为具有隐蔽性较强、取证难度大等特点,采取该取证方式,有利于解决此类案件取证难问题,起到威慑和遏制侵权行为的作用,也符合依法加强知识产权保护的法律精神。此外,北大方正公司采取的取证方式亦未侵犯高术公司、高术天力公司的合法权益。北大方正公司、红楼研究所申请再审的理由正当,应予支持。据此,本案涉及的取证方式

---

① (2002)高民终字第194号。

合法有效,对其获取证据所证明的事实应作为定案根据。二审法院关于"此种取证方式并非获取侵权证据的唯一方式,且有违公平原则,一旦被广泛利用,将对正常的市场秩序造成破坏"的认定不当。①

就上述案件所涉及的"陷阱取证"的合法性问题,北京市第一中级人民法院一审认定为合法;北京市高级人民法院二审认定为违法,予以排除;最高人民法院再审认定为合法,予以采信。一起并不复杂的知识产权纠纷,由于涉及原告以向被告购买软件的方式来获取被告使用盗版软件的问题,经过了三级法院的三次审理。对于"陷阱取证"是否合法,立法上并没有明确的规定,需要法官进行实质性判断。

第二,证明力的衡量。在废除法定证据主义,确立自由心证之后,现代国家普遍将证明力的衡量交给法官,依自由心证来判断。如在美国,证据规则绝大多数是直接或间接规范证据可采性的规则,至于被采用的那些证据证明力如何,则不由证据法来规定,而留待法官或陪审团去自由裁量评断,故而被称为"采证上的法定主义,证据评断上的自由主义"。② 大陆法系国家在立法上也很少对证据的证明力作出直接规定,而是适用自由心证。我国长期以来对自由心证持排斥态度,认为它是建立在唯心主义和不可知论的基础上的。③ 因此,我国的立法没有确立自由心证原则,但对证据证明力的大小又缺乏具体与可操作的规范。可见,在衡量证明力大小的问题上,法官的自由裁量权是客观存在的,也是得到事实上的认可的。最高人民法院发布的《关于民事诉讼证据的若干规定》第 64 条规定:"审判人员应当依照法定程序,全面、客观地审核证据,依据法律的规定,遵循法官职业道德,运用逻辑推理和日常生活经验,对证据有无证明力和证明力大小独立进行判断,并公开判断的理由和结果"。显然,这一规定是借鉴了自由心证的合理因素的。法官在"依据法律的规定,遵循法官职业道德,运用逻辑推理和日常生活经验"的基础上,"对证据有无证明力和证明力大小独立进行判断"。这也为能动司法提供了规范层面的依

---

① (2006)民三提字第 1 号。
② 李祖军:《民事诉讼目的论》,法律出版社 2000 年版,第 210 页。
③ 毕玉谦:《民事证据法及其程序功能》,法律出版社 1997 年版,第 107~108 页。

据。法官在衡量证据证明力时,首先应该运用好经验法则。经验法则是人们从日常生活经验中归纳出来的关于事物因果关系或属性状态的法则或知识,是具有高度盖然性的知识。以下实例说明。

案情:甲在租赁经营某冷冻厂期间,乙经常来该厂购冰块。2005年11月12日,乙出具一张欠条给甲,内容为:"欠冰钱1.800元整"。诉讼中,甲认为,欠条上的"1.800元"系"1,800元"的误写,实际上是指乙欠其冰款1800元。乙则认为,欠条上的"1.800元"意思是"1.8元",而非"1800元"。①

法院审理后认为,双方仅为欠1.8元立书面欠据有违常理。倘若乙的确欠款1.8元,按正常的书写习惯亦只会写成1.80元,而不会写成1.800元,且乙亦无其他有效的证据证实其主张成立,最后判决乙返还甲欠款1800元。本案中,人们一般不会因1.8元立书面欠条及"1.8元"的正常书写习惯为"1.80"而非"1.800元"就是人们借款的一般属性状态,法院根据该经验法则判决乙归还甲1800元欠款是正确的。

其次要正确运用逻辑法则。

案情:2011年5月9日20时许,原告何某到被告唐某屋后的田地里查看农作物时,被一条狼狗咬伤。因伤势严重,且被告不在家,原告到道县人民医院治疗,医院建议原告到上一级医院治疗。原告的妻子向110报警。当晚,被告的妹妹知道情况以后,又及时通知被告回家查看情况。被告于次日专程去永州市中医院看望原告并预付1600元治疗费。后经鉴定为十级伤残。经调解无效后原告诉至法院要求赔偿。②

本案焦点在于,原告何某是否为被告唐某饲养的狗所伤。法官主要依据如下因素进行逻辑推理与认定:

1. 原告陈述事发当时没有其他人在现场,但被告提供了唯一在场证人张某的证言,经法庭传唤证人到庭询问。证人在询问时承认只听到有

---

① 郑永流:《法学野渡——写给法学院新生》,中国人民大学出版社2010年版,第37页。

② http://lunwen.7139.com/358/07/155988.html。另有成都市中级人民法院一位法官对一起典型案例有深入分析,胡建萍:《从一起案例看逻辑推理在案件事实认定中的运用》,载《法律适用》2004年第12期。

第四章 能动司法与事实认定

两条狗叫,并没有看到被告饲养的狗被拴在房子的后门,也没有看见链条是否断裂的情况。

2.被告提供的证人唐某某证明,被告在事发当晚就回家查看了现场,应该非常清楚原告是否为自己饲养的狗所伤。如果被告认定原告不是被自己的狗咬伤,第二天去医院看望原告时就应该讲清楚,而不是预付医疗费。被告替原告支付医疗费的行为应视为一种认可侵权行为发生,并主动承担赔偿义务的行为。

3.社区多次找双方调解,尽管没有达成调解协议,但被告均没有否认原告是被自己饲养的狗咬伤的事实。

在本案的审判过程中,法官依据逻辑推理,认定以下事实:一是被告饲养了一条狗。二是被告查看了现场,自己清楚狗是否脱离束缚的情况。三是被告在知晓情况后有愿意赔偿的行为,即预付了医疗费1600元。从而认定原告系被被告饲养的狗咬伤的事实,依据《侵权责任法》判决由被告赔偿原告损失23299元。判决后,双方均没有提起上诉。

最后,应该遵循一些基本规则。一般而言,人民法院就数个证据对同一事实的证明力,可作如下认定:国家机关、社会团体依职权制作的公文书证的证明力一般大于其他书证;物证、档案、鉴定结论、勘验笔录或者经过公证、登记的书证,其证明力一般大于其他书证、视听资料和证人证言;原始证据的证明力一般大于传来证据;直接证据的证明力一般大于间接证据;证人提供的对与其有亲属或者其他密切关系的当事人有利的证言,其证明力一般小于其他证人证言。① 在遵循上述一般规则的情况下,法官应该充分发挥主观能动性,结合具体的案件情况来分析,不可一概而论、机械适用。

第三,举证责任的分配。我国《民事诉讼法》确立了"谁主张,谁举证"的证明责任分配的一般规则。当事人就自己提出的诉讼请求所依据的事实或者反驳对方诉请所依据的事实有责任提供证据加以证明。如果没有证据,或者证据不足以证明当事人提出的事实主张的,由负有举证责任的当事人承担不利后果。这就是行为意义上的证明责任与结果意义上的证

---

① 《关于民事诉讼证据的若干规定》第77条。

明责任。但依据这一规则,并不能有效地解决所有案件的证明责任分配问题。试看一例:

1999年1月23日,上海居民顾月妹为了给即将出国的同学送礼物,来到上海工艺美术商厦,看中了"天然黄水晶球"。售货小姐说:"水晶球是天然的,价钱3680元。"经过一番讨价,顾月妹最终以2944元买了下来。当时球上只标注了价格与直径,没有重量,店内柜台只有称金银等首饰的秤,于是售货小姐又将球拿到外面的水果摊称,回来后告诉顾月妹球的重量是290克,并表示:"你去鉴定吧,有什么问题找我们。"随后将发票、信誉卡交给了顾月妹,信誉卡上写着"假一赔百"。

走出商厦,顾月妹立即前往珠宝测试鉴定处。结果被告知这根本不是什么天然黄水晶,而是一颗方解石球。鉴定书上写明"球重289.8克、直径58.6毫米,方解石"。

三个小时后,顾月妹拿着检验报告找到售货小姐,小姐表示可以退货,但顾月妹要求按信誉卡上"假一赔百"的承诺给予赔偿29.44万元。交涉未果,顾月妹将上海工艺美术商厦告到法院,后来又将商品制造商上海宝和公司追加为第二被告。

本案争执的焦点是:顾月妹拿去鉴定的球是否就是"宝和公司"生产并在"工艺美术商厦"出售的产品?1999年11月3日,一审判决顾月妹败诉,并承担了6971元的诉讼费。顾月妹不服判决上诉。2000年3月24日,二审维持原判。①

在本案中,原告主张其拿去鉴定的球就是"宝和公司"生产并在"工艺美术商厦"出售的产品。依据"谁主张,谁举证"的一般规则,原告负有证明自己拿去鉴定的球就是"宝和公司"生产并在"工艺美术商厦"出售的产品的证明责任。审理本案的两级法院正是遵循这样的思路,一审法院在判决书中指出:根据法律规定"谁主张谁举证"的原则,顾某必须拿出证据来证明"此球乃彼球"。由于顾某没能拿出令人信服的证据,判决顾某败诉。二审法院仍认为顾某拿不出令人信服的证据证明"此球就是彼球",于是维持原判。然而,原告自己拿着购买的"水晶球"自行去鉴定处鉴定,

---

① 史军:《水晶球案件孰是孰非》,载《北京青年报》2001年3月13日。

第四章 能动司法与事实认定

除了自己知道球是否被替换以外,几乎无法提供其他相应的证据。被告怀疑球被"替换",即原告鉴定过的球不是从被告处购买的球。那么,被告是否负有证明责任呢?如果被告不能提供相应证据,是否可以据此判决被告败诉呢?

从本案的实际情况来看,将证明责任分配给哪一方,哪一方就必须承担败诉的风险。依据证明责任分配的一般规则,无法公正地解决这一纠纷。《关于民事诉讼证据的若干规定》第 7 条规定:"在法律没有具体规定,依本规定及其他司法解释无法确定举证责任承担时,人民法院可以根据公平原则和诚实信用原则,综合当事人举证能力等因素确定举证责任的承担。"

第四,证据的调查与收集。依据《民事诉讼法》第 64 条的规定,当事人及其诉讼代理人因客观原因不能自行收集的证据,或者人民法院认为审理案件需要的证据,人民法院应当调查收集。但最高人民法院的司法解释将《民事诉讼法》第 64 条规定的"人民法院认为审理案件需要的证据"作了限缩性的解释:涉及可能有损国家利益、社会公共利益或者他人合法权益的事实;涉及依职权追加当事人、中止诉讼、终结诉讼、回避等与实体争议无关的程序事项。即将当事人因客观原因不能自行收集的证据限定为:申请调查收集的证据属于国家有关部门保存并须人民法院依职权调取的档案材料;涉及国家秘密、商业秘密、个人隐私的材料;当事人及其诉讼代理人确因客观原因不能自行收集的其他材料。这样一来,人民法院调查收集证据的负担是减轻了,但发现案件真实的信息资料也减少了。基于能动司法理念与发现客观真实的需要,应该回到《民事诉讼法》的规定上来,适度扩大对"当事人及其诉讼代理人确因客观原因不能自行收集的其他材料"的解释范围,通过人民法院自身的努力,尽可能地调查收集相应的证据,促进案件真相的发现。只要法院查明的案件事实符合案件的客观情况,就不仅不会影响法院的中立,反而能增强当事人对裁判的接受意愿。

案例:李某与程某经媒人介绍后订婚,依当地习俗并经媒人手,李某给程某六个红包作为订婚彩礼。后来程某向李某提出分手。李某同意分手,但提出女方须退还 6000 元彩礼。然而程某对此矢口否认,后李某诉至法院。一审法院以证据不足为由由驳回李某的诉讼请求。李某上诉后,二审法院经调查了解订婚仪式上男方给女方红包是当地约定俗成的习惯,且近年来彩礼的数额也越来越高,一般不低于6000～8000元;同时结合证人(尤其是双方当事人的媒人,还是与程某正常走动的亲戚)证言,订婚当天李某给付程某6个红包(内装钱数一般应是整数)。根据上述情形,二审认定李某主张曾给付程某6000元彩礼的事实存在,改判支持了李某的诉讼请求。

在本案的审理中,一审法院依据"谁主张,谁举证"的原则,认为原告主张某支持给被告6000元彩礼的事实不成立;二审法院经调查了解当地民俗习惯,结合证人证言认定了男方给付女方彩礼的事实,作出了正确的裁判。

第三节 本章小结

准确认定事实是司法公正的前提与基础,而且也是当事人衡量司法水平的重要尺度。在民事诉讼中,依据"谁主张,谁举证",证明案件事实的责任主要由当事人承担。但当事人收集证据、承担证明责任的能力受多种因素的影响。因此,在当事人由于客观原因不能自行收集证据的情形,以及审理案件必需的其他情形,人民法院应该收集证据,以正确认定事实。最高人民法院《关于民事诉讼证据的若干规定》对人民法院调查收集证据的范围作了不适当的限缩解释,应予废止。[1]

---

[1] 《民事诉讼法》第64条规定,当事人及其诉讼代理人因客观原因不能自行收集的证据,或者人民法院认为审理案件需要的证据,人民法院应当调查收集。《关于民事诉讼证据的若干规定》第15条将"人民法院认为审理案件需要的证据"限定为两类,一是涉及可能有损国家利益、社会公共利益或者他人合法权益的事实;二是涉及依职权追加当事人、中止诉讼、终结诉讼、回避等与实体争议无关的事项。

第五章
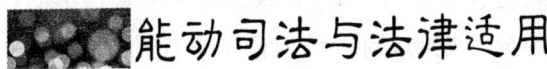能动司法与法律适用

司法是在认定事实的基础上适用法律,从而作出的裁判的过程。通常认为,司法裁判是一个三段论式的逻辑推理过程,法律是大前提,案件事实是小前提,判决就是结论。大部分情况下,当事人是案件事实的参与者、亲历者,因此事实认定是否准确,当事人是非常清楚的。"法官知法"是一项传统的法律原则,正确适用法律是人民法院的法定职责。当前,中国特色社会主义法律体系已经形成,国家社会生活的各个方面基本实现了有法可依。但由于各种错综复杂的因素,在审判实践中总会有"疑难案件"存在。"疑难案件"及其司法解决,在西方法理学界是一个引起广泛争议的经典命题。通常而言,疑难案件是相对于简单案件而言的。在英文中与"疑难案件"对应的是 hard cases, controversial cases, boardline cases。然而后两者与疑难案件存在明显的不同,争议案件是对案件事实或法律适用存在较大争议的案件,边际案件是指由于法律规范的语义模糊而发生争议的案件。哈特从语言哲学的角度,在论及语言具有的不确定性时,将疑难案件定位为类似于日食中半影一样的东西,即处于法律规则的模糊地带的案件。如果案件落入半影区域(与核心区域相对,即可适用的法律含义模糊,案件就无法按照法律的常规语义裁判),法官必须运用手中的自由裁量权,并实际上扮演立法者的角色才能作出裁判。简单案件是法官适用已确立规则的案件,在简单案件的处理中,法官的角色只

是"自动售货机"。①

在我国,通常将疑难案件分为事实认定存在不确定性与法律适用存在困难的案件两大类。在民事诉讼中,证明要件事实存在与否的证明责任在当事人。如果当事人不能提供充分的证据,导致案件事实真伪不明,法官通常只能依据证明责任的分配规则,判决承担证明责任的一方当事人败诉。从语义的角度来看,可以将事实存在不确定性的案件(如"彭宇案"中的彭宇是否撞了原告)称为"疑案",将法律适用困难(如缺乏明确的法律规则)的案件称为"难案"。通常认为,法律适用困难是指适用实体法出现了困难,事实上,法律适用困难中的"法律"既包括程序法也包括实体法。因此,我们所谓的疑难案件的范围要比西方法理学讨论的疑难案件宽泛得多。在现有的法律制度中,针对疑难案件的特殊性,也有相应的制度设计。如根据《人民法院组织法》的规定,"各级人民法院设立审判委员会,实行民主集中制。审判委员会的任务是总结审判经验,讨论重大或疑难案件和其他有关审判工作的问题。"我国三大诉讼法对审判委员会讨论与决定疑难案件均有相同的规定。而从实践来看,提交审判委员会讨论的案件主要是影响大、关注度高、社会反响强烈的案件;人大、政府或其他机关关注甚至干预的案件;法律上定性困难,或者缺乏明确的法律依据的案件。之所以出现法律适用困难的疑难案件,主要原因在于,无论现行法律体系如何健全,总会存在法律漏洞。法官必须面对法律没有涵盖的案件的情形,而不得以法律没有规定或者规定不明确为由而拒绝裁判。受大陆法系传统的影响,我国的司法是从法规出发型的,即依照实体法所确立的权利义务来对应生活事实,而生活事实是丰富多彩的,三段论式的逻辑推理不能解决法律漏洞、法律冲突、法律语义模糊等情形。在这种情况下,面对适用法律困难的疑难案件,首先应该继续完善中国特色社会主义法律体系。然而,正如实践发展永无止境一样,法律体系的完善也是永无止境的。受制于人类理性的局限与实践的有限,在特定的时期,相对于审判实践的需要而言,法律规则体系总是不可避免地存在局限。司法审判

---

① 孙海波:《疑难案件的语义争议及其成因初探》,载《研究生法学》2011年第6期。孙海波:《疑难案件的法哲学争议》,载《法律科学》2013年第1期。

第五章 能动司法与法律适用

时限性的要求、解决纠纷效率的需求,决定了面对具体案件裁判的需要,不大可能要求立法机关及时作出回应。因此,诉诸价值判断、利益衡量等法律解释方法,或者寻求法律规范之外的裁判依据,就成为一种现实的选择,也是司法发挥能动作用,回应社会现实需求的重要方式。

刘作翔教授从我国法律体系不能涵盖人民法院裁判依据的现实出发,在重新认识我国法律体系概念的基础上,创造性地提出了"规范体系"的概念与理论。① 确实如此,《民法通则》第6条规定:"民事活动必须遵守法律,法律没有规定的,应当遵守国家政策。"《物权法》第85条规定:"法律、法规对处理相邻关系有规定的,依照其规定;法律、法规没有规定的,可以按照当地习惯。"从上述规定可以看出,在法律没有规定时,政策、习惯既可以成为民事主体的行为规范,也是人民法院的裁判规范。而政策、习惯以及司法解释都不能为法律体系的概念所涵盖。遵循这个思路与方向,我们来看政策与习惯如何进入审判。

第一节 法律适用困难的两种主要类型

根据法律的内容不同,可以将法律分为程序法与实体法。与此相对应,疑难案件中的法律适用困难也包括程序法适用困难与实体法适用困难两种基本类型。在现实中,更为常见的是实体法适用困难。然而,程序法适用困难的情况也是客观存在的。

案例:唐某依据重庆市沙坪坝区人力资源和社会保障局于2012年3月16日作出的沙人社伤险认定字(2012)29号认定工伤决定书(认定唐某于2011年12月24日在重庆某科技发展有限公司因工作原因受伤,属于工伤认定范围,依法认定为因工负伤),向沙坪坝区人民法院起诉重庆某科技发展有限公司,主张工伤待遇。(案1)

---

① 刘作翔:《规范体系:一个可以弥补法律体系局限性的新结构体系》,载《人民法院报》2012年7月20日。

在该案诉讼过程中,被告重庆某科技发展有限公司因不服工伤认定,在法定期限内向沙坪坝区人民法院提起行政诉讼,请求撤销上述工伤认定决定。(案2)

在上述两案诉讼过程中,被告重庆某科技发展有限公司又向沙坪坝区人民法院提起民事诉讼,请求确认其与唐某之间不存在劳动关系。法院已受理。① (案3)

重庆市沙坪坝区人民法院的民事审判庭、行政审判庭在案件的审理过程中意识到,上述三个案件是相互关联的。其中的实体问题是,唐某与重庆某科技发展有限公司之间是否存在劳动关系,唐某是否因工受伤,重庆某科技发展有限公司是否应该给予相应赔偿。而上述问题的基础性问题是唐某与公司之间是否存在劳动关系。在案1的审理过程中,必然要审查是否存在劳动关系。重庆某科技发展有限公司提行政诉讼(案2)的目的在于否认沙坪坝区人力资源和社会保障局的工伤认定,提起民事诉讼(案3)的目的在于否认与唐某之间存在劳动关系。

在程序的处理上,沙坪坝区人民法院对于第三个案件的处置,存在不同意见:第一种意见认为,本案不应该受理。第二种意见认为,本案在受理之后应该裁定驳回。第三种意见认为,本案为消极确认之诉,应该判决。从现行民事诉讼法来看,对于提起消极确认之诉确实缺乏具体明晰的规范,学理上对此也没有深入的研究。

实体法适用困难的案件主要是指对于某些案件现行法缺乏明确规定。

案例:原告朱某某与被告陆某某两家系同组村民,南北紧邻。原被告两家为一些生活琐事素有矛盾,经有关组织多次调处未果。2004年10月,被告在其家楼房屋后树立四扇石磨,两扇一组,正对原告家楼房大门。石磨外侧有镜子对着原告家,其中一面镜子上写有"死"字。在原、被告两家界址处,被告拉有一道铁丝网,铁丝网上以草遮盖,唯有石磨处没有遮盖物。2005年2月24日,南通电视台《城市日历》对此事进行了报道. 原告遂于2005年3月15日诉至法院。原告朱某某诉称,被告在其屋后正

---

① 该案例是笔者调研所获取的真实案例。

第五章　能动司法与法律适用

对原告家安置四扇石磨以及写有"死"字的镜子,以巫蛊手段诅咒原告及家人。原告因此感到整天心神恍惚,无心农事,给原告及家人造成了精神痛苦和心灵创伤,并影响了原告在外工作的子女的正常生活。要求被告立即移走石磨及镜子,停止所有巫蛊行为,并支付原告精神损害赔偿3000元。

被告陆某某辩称,被告并没有采取任何行为诅咒原告及其家人。石磨是被告修水塌时移过来放在被告自家的地方。立在被告家中的两对祖传石磨,是陆氏祖孙刚直、勤劳的象征,与原告没有任何关系。镜子不是被告安放的,磨子处的铁丝网被破坏了。原告安置石磨的行为对原告及其家人没有产生实质性的伤害。原告的诉讼请求没有法律依据,其目的是想霸占被告家的祖传石磨。①

江苏省如皋市人民法院审理后认为:原被告两家是邻居,本应和睦相处。遇有矛盾应冷静对待,正确处理。石磨和镜子原本是日常用品,本身并没有任何特别的意义,但在特定条件下也可能被赋予特定的含义。在本地的习俗中,石磨及镜子有"磨人"之类的迷信说法,可作诅咒他人的巫蛊之物。被告在自己的楼房后正对原告家竖立石磨,安置镜子,镜子上写有"死"字。而且,被告用草遮盖住两家界址处所拉的铁丝网,唯有石磨处没有遮盖物,对原告及其家人而言,会感到更加的刺眼,产生特别的刺激。被告辩称镜子并非其所放置,但缺乏相应的证据证明。综观被告的行为足以认定应为被告所为。被告所辩两对祖传石磨是勤劳的象征之理由不能成立,其以石磨、镜子明目张胆地诅咒原告及其家人,主观恶意很明显。巫蛊行为是有悖公序良俗的封建迷信行为,其本身不能对他人造成实质性的伤害,但对于相对人而言无疑会心存疑虑、顾忌,感到精神压抑、郁闷等,由此而造成精神痛苦和创伤。于是法院判决:(1)被告附某某立即停止所有巫蛊行为,将石磨及镜子移走;(2)被告赔偿原告精神损害抚慰金500元,于本判决生效后立即给付。宣判后,双方当事人均服判。②

从现行民事法律来看,认定巫蛊行为构成民事侵权是难以成立的。

---

① 江水:《施巫也侵权》,载《乡镇论坛》2005年第15期。
② (2005)皋民一初字第0135号。

依据民事法律及基本的法理,一般民事侵权责任通常由如下要件构成:一是主观过错;二是违法行为;三是损害后果;四是违法行为与损害后果之间存在因果关系。"巫蛊行为"违背公序良俗,但其是否能造成现实的损害?难以在现行立法中找到依据。法院在审理过程中,依据本地习俗认定在当地,石磨及镜子有一种磨人之类的迷信说法,可以成为一种诅咒他人的巫蛊之物。被告在其楼房后正对原告家竖立石磨,安置镜子,镜子上写有"死"字。被告将两家界址处所拉的铁丝网以草遮盖,唯有石磨处没有遮盖物,对原告及其家人而言,会感到更加的刺眼,产生特别的刺激。因此,尽管石磨及与镜子本身虽并不会对他人造成实质性的伤害,但对于相对人而育无疑会心存疑虑、顾忌,感到精神压抑、郁闷等,由此而造成精神痛苦和创伤。据此认定构成侵权,应承担责任。在这里,法官裁判的依据与其说是现行法律,还不如说是当地习俗。将法律没有明确规定的行为认定为侵权,是能动司法的具体表现,本案判决之后,当事人服判,有效解决了纠纷,取得了良好的效果。

第二节 能动司法与疑难案件的法律适用

法官在处理疑难案件时,由于"大前提"不清楚或者不明确,又不能借口法无规定而拒绝裁判,因此必须主动发现、探寻裁判依据。以下探讨两种方式,一是运用习惯来裁判;二是运用政策来司法。

从大陆法系国家,在法典化思潮之下,曾主张制定法是法律规范的唯一来源,不承认习惯法的效力。如 1794 年《普鲁士普通邦法》、1804 年《法国民法典》及 1811 年《奥地利普通民法典》都否认习惯法的效力。但随着历史法学派的兴起,制定法是唯一的法源的观念开始动摇,逐步承认习惯法的地位。如 1907 年《瑞士民法典》第 1 条明文规定习惯法对制定法的补充效力,法律已有规定者适用法律。法律所未规定者,依习惯法。又如《日本法例》第 2 条也明确认可习惯的补充地位,"不违背公共秩序及善良风俗的习惯,经法律认可及相关法律来规定的事项的,均具有与法律相同的效力。"在习惯的司法适用上,主要有两种方式,一是由主张适用习惯的当事人证明方可适用。如依据德国《民事诉讼法》的规定,习惯法是证明对象之一。法官可以要求援用习惯的当事人举证,当事人提出的举证手段并不受限制。二是由法院依职权适用习惯。如在日本,习惯法不需要当事人主张、举证,法官必须依职权适用习惯规范。日本《民事诉讼法》曾规定:"应证明地方习惯法、商习惯、规约或外国之现行法时,不论当事人是否为其证明,法院得依职权为必要的调查"。法国早期采取严格的法律实证主义,将制定法视为法律的唯一渊源。后受历史法学派的影响,对习惯法采取默认的态度。而且对于习惯法是否存在,不要求当事人举证,法官已知悉者,应依职权适用。1900年《瑞士民法典》曾规定,法律若未规定时,法官应依照习惯法进行裁判。

在英美法系,一般区分 custom(习惯法)与 usage(事实上习惯)。前者为法习惯,具有规范人们权利义务的效力;后者是指一定阶级的民众或商业买卖等同类行为,或在一定的地域乃至一个地方的经常行为,是一个事实而非法律规范,或者构成合同条款的一部分,具有补充当事人约定欠缺的作用。二者的区别主要如下:(1)来源不同。custom 的法律效力来自法律的继受,与当事人的意思表示无关。而 usage 的效力来自当事人间的约定。(2)适用场合不同。custom 因具有法律拘束力,在任何场合均有重要性,而 usage 因当事人同意后才具有效力。(3)判例承认上的不同。custom 在判例上被认为是法源之一,而 usage 则仅是在当事人意识表示存在瑕疵时具有推定作用。在古代法中并不被赋予法律上的效果,只是在 18 世纪后期英国判例才出现对 usage 效力认定的判决。在美国,各州依据不同情形,将习惯法的适用分为四种不同类型,即完全不承认、有限适用、全部适用、将习惯法作为补充。①

在英美法系中奉行当事人主义,因此不论是事实上习惯还是习惯法,除法院已熟知者外,一般由援用习惯法的当事人负证明责任。而且该当事人必须在合理的时间,以合适的方式将此交易习惯通知对方当事人.以避免对方当事人遭受不公平的突袭,否则该证据应不予采纳。

---

① 潘维大、程法彰:《英美法导读讲义》,瑞兴图书公司 2003 年版,第 43 页。

新中国成立以来,人民法院对习惯采取选择性的适用。对符合公共秩序和公共利益的民俗习惯在法律上予以承认,并赋予其法律效力。如最高人民法院(1951年1月22日法编字第909号)《关于少数民族与汉族通婚问题的答复》指出,"关于回汉民族通婚问题.应根据共同纲领第五十三条与婚姻法第二十七条以尊重少数民族的风俗习惯,有利民族团结为原则"。当制定法与习惯冲突时,并不一概排斥习惯,而是采取灵活的办法,有条件地承认习惯对制定法的变更。如最高人民法院有关婚姻问题的复函(1952年5月8日法督字第1971号)指出,"某些地区严重地存在着早婚现象。这说明了目前仍有许多僻远地区的群众尚未很好地认识到早婚的害处。各级人民法院除应联系各有关机关、团体结合中心工作继续普遍深入宣传婚姻法外,结合实际情况酌情处理"。①

当前,我国社会仍处于转型发展时期。而且由于自然条件、历史、政策等原因,各地经济社会发展不平衡的现象难以在短时期内得到根本性的改变。经过改革开放三十余年的发展,我国城乡分割的二元社会秩序发生了巨大的变化,但仍然没有彻底改变。农村与城市、内地与沿海的经济发展水平差异较大,法治意识与文化观念也存在显著的差异。在广大农村特别是西部欠发达地区,传统的生产方式与生活方式依然存在,除了国家法律以外,民俗习惯等在维系社会秩序的作用仍然很强大。在追求法治统一的前提下,尊重当地的民俗习惯,特别是在国家法律对某些纠纷缺乏明确规范的情况下,应该允许司法机关运用习惯进行裁判,以弥补国家立法规范的不足。

将习惯运用在司法裁判过程中,有时用于作为裁判的规范依据,有时用来辅助认定事实。当然,习惯从根本上来说属于规范的范畴,习惯是从人们长期的生产、生活过程中自发形成、能为大自觉遵从的行为规范,体现了大家按照该民俗习惯选择自己行为的自觉性。从实践来看,人民法

---

① 绥远省人民法院《关于报告有关婚姻问题请指示处理的函》(1951年12月27日)提到,"扎旗地区,早婚现象很严重,由于当地风俗习惯特殊,虽经当地政府、人民法院宣传婚姻法,但老乡们多不遵守,不及结婚年龄而结了婚,或结婚不登记,这种情况怎么办?能否在老乡们结婚时严格制止?"

第五章 能动司法与法律适用

院适用习惯裁判存在多种形式。

一是将习惯转化为现行法的表达来进行裁判。

案例：2009年7月6日，张某起诉李某，诉称双方于2008年10月签订了房屋买卖合同，李某以30万元购买张某位于铜山新区的房产一套，2008年底付清房款。李某支付22万元取得房屋钥匙后就一直拒付房款。请求法院判令李某支付剩余房款8万元。李某辩称，自己拿到房屋钥匙后才得知所购房屋内曾发生过自杀事件，自己花30万元买的是"凶宅"！李某表示要退房。

类似的"凶宅"案件，在近年来并不鲜见。人民法院在审理此案件时，存在的主要难点在于：一是"凶宅"性质难以界定。"凶宅"并非法律概念，在民间通常指曾发生过非正常死亡并给人心理上带来恐惧的房屋。即使在房屋内发生过非正常死亡事件，房屋在实物形态上是没有任何损害的，因此难以归入标的物的瑕疵，事实上也并不影响房屋的使用价值。但在心理上，通常会影响人们的购买意愿，人们普遍对此类房屋存在恐惧心理。但对具备现代科学精神的人来说，"凶宅"的说法纯属迷信。二是如何平衡出卖人信息披露与隐私保护的关系。在签订购房合同时，出卖人有义务向买受人披露直接影响房屋价值的相关信息，但隐私权是一项基本的人格权，出卖人也有权维护自己的隐私权。出卖人是否有主动披露曾发生过非正常死亡事件的义务，在买受人明确询问的前提下，如果出卖人没有明确告知是否构成欺诈？三是买受人撤销权的行使认定难。在出卖人隐瞒了相关信息，买受人主张撤销房屋买卖合同时，到底是基于合同法的重大误解、欺诈，还是基于违反诚实信用、公序良俗原则，均存在较大的争议。

人民法院在审理此类案件时，尽管难以找到明确的法律依据，但可依据习惯来赋予原本没有法律意义的行为以法律意义。有人在房屋内非正常死亡，在民间俗称"凶宅"、"阴宅"、"鬼屋"等。如果出卖人在转让该房屋时故意隐瞒曾发生过非正常死亡的事实，依据房屋所在地的风俗习惯，该类房屋不再适宜居住，当买受人以出卖人在订立买卖合同时存有欺诈行为由要求解除买卖合同时，人民法院就会支持买受人的诉讼请求。在裁判这样的案件时，尽管法院适用了国家的民事法律，但其规范基础在于民间的风俗习惯。即将没有告知买方房屋发生过非正常死亡事件作为合同法上"欺诈"的事由之一。而且,就适用习惯而言,不应该要求当事人承担证明责任。因为在这类案件中,原被告之间的利益与主张是对立的,通常买受人主张"凶宅"不适宜居住是当地的共识,出卖人会抗辩说房屋的使用价值没有任何毁损,"凶宅"是封建迷信的说法,不足为信。因此,人民法院应该深入实际,主张调查,了解当地民俗习惯。

二是将习惯用于具体化法律原则。民法的基本原则如公平、诚信、公序良俗均很抽象,不能直接作为裁判的规范依据。在适用法律困难的情形下,法院将习惯纳入民法的基本原则之内,作为裁判依据。

案例:在曹某等诉某公司损害赔偿纠纷案中,被告某公司在事前未予公告,也未与当地基层组织联系的情况下从事某项土地平坟作业,将位于作业区内的原告父母双坟穴破坏,致使原告父母遗骨灭失。法院认为父母祖辈之坟地负载着后辈子孙的哀思和亲情,具有重大的感情价值和人格象征意义。从公序良俗的价值判断,对死者遗骨骨保护是法律的应有之义,是法官道德良心的应然体现。故对原告主张的精神抚慰费以及重新安葬费用,法院酌情予以支持。①

对毁坏死者的坟穴的行为,难以在现行法上找到准确对应的法律规范。法院认为,"死者为尊"是我国传统文化的重要内容,破坏他人祖坟是对死者极大的不敬,严重侵害了死者后代对祖先的哀思与寄托这一值得尊重与保护的感情或者权益,也违背了当地的善良风俗。因此,法院判决某公司的行为违反公序良俗,应该承担一定的赔偿责任。

三是将习惯直接转化为裁判规则。如江苏省高级人民法院为了更好地发挥民俗习惯在司法审判工作中的积极作用,真正实现案结事了,制定和发布了《关于在审判工作中运用善良民俗习惯有效化解社会矛盾纠纷的指导意见》[苏高法审委(2009)1号]从民俗习惯司法运用的价值、原则、方法、程序等方面提出了指导意见。江苏省泰州市中级人民法院《关于民事审判运用善良习俗的若干意见(试行)》[泰中法(2007)60号]对民

---

① 公丕祥主编:《民俗习惯司法运用的理论与实践》,法律出版社2011年版,第143~144页。

事审判运用善良风俗有比较具体的规定：

对婚约引起财物纠纷：给付彩礼是以缔结婚姻关系为目的预约行为，在双方无过错时，尊重"谁主动退婚对谁不利"的风俗，男方提出解除婚约的，应当酌情减少返还彩礼的比例。注意婚约关系变动对当事人精神利益的损益变化，存在"三角恋爱"、同居、妊娠、人身损害或其他情形的，按照过错原则和过错相抵原则，酌定部分返还或全部返还。双方为举办婚事发生必要费用的支出情况所形成的直接损失，可在彩礼返还时一并考虑。

同居引起相关纠纷：同居期间一方患有重大疾病的，另一方应参照合法婚烟关系夫妻之间扶助义务，给予适当的经济扶助。因同居关系变动以及当事人之间存在"婚外恋"、妊娠、人身损害或其他情形的，在处理彩礼返还和共同财产分割时，应注重对无过错方或过错程度较轻的一方的精神与物质利益的保护。

赡养纠纷：在必要赡养义务和赡养人经济能力等条件基础上，注意尊重被赡养人的意愿，从有利于被赡养人生活的角度，选择间接、分别和轮流等赡养方式，确定相应的赡养形式。赡养人以被赡养人未能在诸子女间平均照顾为由，怠于或拒绝履行赡养义务的，尊重"没有不对的父亲，只有不对的儿"的风俗，加强对赡养人的法律教育，并责令履行赡养义务。被赡养人对赡养人曾经存在虐待、遗弃或其他重大过错的，应适当减轻该赡养人的赡养义务。被赡养人因其死亡后丧葬事宜主持权等精神利益与赡养人发生争议时，应按照风俗要求和法律规定，注重疏导与沟通，促进当事人之间达成谅解。注意对"嫁出门的女，泼出门的水"的风俗的抵制与修正，对已婚女性赡养人的赡养义务形式和负担程度，应结合与被赡养人生活空间距离的远近、陪嫁物品价值的多少以及家庭共同财产分割等情况，与其他赡养人区别对待。

抚育纠纷：依照法律和司法解释规定，对直接抚育权未能确定时，可按照男性子孙传宗接代的传统观念，确定直接抚育权人，间接抚育的一方享有探望权。直接抚育权人征得间接抚育人的同意，可以委托己身父母履行。注意当事人在诉讼中包含的子女冠姓的要求，如因子女冠姓权的问题导致矛盾扩大，可以按照社会通行观念评判对错，予以疏导，责令改正。抚育费用计算期限除司法解释规定的高中毕业时点外,根据抚育需要可以动员间接抚育的一方适当延长抚育期限。间接抚育方可以综合共同财产的分割采用实物方式一次性给付。

析产、继承纠纷:家庭共有财产分割应尊重长幼有序的风俗,不动产按地理位置从上首向下首分配,具有祭祀功能的动产分配给长子。发生价值量差异时,采用折价方式补偿。诸子女中对家庭共同财产贡献较大的适当多分,孙子女对家庭共同财产有贡献的,应适当分配。需要对作为共同财产的房屋进行分割时,尊重"从夫居"的习俗,一方另行居住的,另一方折价补偿。不具备居住条件的除外。所居住的房屋为一方婚前财产的,尊重"和尚进庙三根香"的风俗,留住一方具备经济能力的,应对另一方提供合理期限的居住条件,或以支付与租金等额的经济帮助。先分家析产后夫妻离异的,应保留与其共同生活的一方父母的居住条件,或采取其他替代性的物质手段予以补偿。按照家事代理的风俗,丈夫通常具有处理家庭重大事务的外部代表权。在夫妻共同财产性权利的分割中,注意保护妻子的利益,对财产性权利实际价值评估后由丈夫折价返还给妻子。婚姻关系变动前丈夫就共同财产与第三人交易未征得妻子同意的,除第三人明知或应当明知外,推定为善意取得。丈夫恶意处分共同财产对妻子利益造成损失的,由丈夫赔偿。已出嫁女子或出赘男子提出遗产继承要求的,应综合对被继承人生前赡养情况和被继承人提供的嫁资情况,与其他继承人区别确定继承份额。道路交通事故中男子死亡的,死者父母与婆子在赔偿款分割时,自愿将已有的生活补助和遗产份额预留给死者子女作为抚费用并实行共管的,应予支持。除了被抚养人补助外,就遗产性质的部分进行分割时,应将实际发生丧葬费用扣除。

违反丧俗及其他善良习俗的侵权纠纷:因丧葬或新丧祭奠事宜,在亲属之间或死者亲属与他人之间发生侵权行为的,应注意按照丧俗评价当事人的过错大小,酌定赔偿金额和方式。充分尊重死者亲属与遗像、骨灰盒、牌位等祭祀用品相关的精神利益,对祭祀用品发生权属或侵权争议的,除了能够纳入诉讼途径解决的外,应采取适当的方式附带解决。以合葬为真实目的引发的各类诉讼中,注意引导当事人和有关案外人按照丧俗中的一般规则和社会通行观念协商解决。行为人针对受害人采用"做

第五章 能动司法与法律适用

法"、"巫蛊"等迷信手段,足以使受害人相信并使受害人发生精神疾病等实质损害后果的,应以客观归责的办法支持受害人的有关请求。公开采用污秽物污染或类似丧俗物品添附他人居室的,以违反善良习俗为解释理由,责令加害人赔礼道歉、排除妨害,并可给付精神损害赔偿金。故意违反民间各种禁忌,事实上导致受害人精神利益较重损害的,应由行为人承担赔礼道歉、排除妨害、消除影响的责任。

相邻纠纷:注意与房屋、道路、桥梁的建设、维修或排水有关的"风水"问题,当习俗权利没有根本妨害或不妨害法律权利时,应参照运用。行为人实施违反"风水"习俗行为对相邻方精神利益造成损害的,可根据不同情况,责令行为人停止作为、恢复原状,或对相邻方按照"风水"习俗的办法予以补救。通行权的保护范围不应仅以满足日常通行为准,办理婚丧事宜需要暂时扩大通行范围的,应予支持。因通行造成相邻方损失的由通行权人补偿。注意对"借天不借地"风俗的修正,林木所有人对相邻方土地的役使不应超过合理范围。合理范围内的遮阴造成相邻方种植损失的应予补偿。超过合理范围外的应采取修枝、去根等办法予以控制,造成他人房屋及其他不动产损害的应予赔偿。①

从上述文件的明文规定来看,有的是对习惯的直接认可,有的是对风俗的修正。这些规定的内容比较具体、明确,操作性强,为法官处理婚约引起财物纠纷、同居引起相关纠纷、赡养纠纷、抚育纠纷、财产继承纠纷、违反丧俗及其他善良习俗的侵权纠纷、相邻纠纷等提供了相对明确的指引与裁判依据。在不与现行法律的规则、原则与精神相违背的前提下,这些规定对处理熟人社会的纠纷,无疑是具有积极意义的。

党和国家的政策在我国有着十分重要的意义,在法治与司法领域同样如此。在新中国成立之初,法制很不完备时,政策是司法的主要依据。1949年2月,中共中央在《关于废除国民党的六法全书与确定解放区的司法原则的指示》中明确指出:"目前在人民的法律还不完备的情况下,法机关的办事原则应该是有纲领、法律、命令、条例、决议规定者,从纲领、法律、命令、条例、决议之规定;无纲领、法律、命令、条例、决议规定者,从新

---

① 《关于民事审判运用善良习俗的若干意见(试行)》(泰中法[2007]60号)。

民主主义的政策。"①1951年9月的《人民法院暂行组织条例》第4条规定了法院审理案件的依据:"人民法院审判案件,以中国人民政治协商会议共同纲领及人民政府颁布的法律、法令、决议、命令的规定为依据;无上述规定者,依据中央人民政府的政策。"②从1957年反右斗争开始一直到"文化大革命"结束,"以阶级斗争为纲"成为司法工作的指导原则。政策成为司法审判的最终依据,法律成为无用的"摆设"被放弃在一边。法律虚无主义蔓延,使"有法律,依法律但还得适合政策;没有法律则依政策,有了政策也就不需要法律"。③

改革开放以来,国家高度重视民主法制建设,法治建设取得了显著的进步。党和国家的政策对司法的影响仍然十分重大,政策在司法实践中发挥着非常重要的作用。一是由于中国经济体制的选择是在政治主导下进行的,最高人民法院不是自发地回应市场经济的要求,而是在政治诱导的情况下参与市场经济建设。其基本特征是贯彻中共中央、国务院的重大经济政策,保持政治上的一致性,针对党在特定时期的具体任务和要求制定相应的司法文件。二是党的政策有时可以直接被法院引用。凡是法律有明文规定的依法律办,法律无明文规定的按政策办。三是党的政策变化直接引起法院受案范围的变化。④ 从司法的角度来看,司法运用政策来解决纠纷主要有政策转化为司法文件、司法解释两种基本形式。当然,党和国家的政策可以在条件成熟时直接转化为法律。

金融危机爆发以来,最高人民法院院长王胜俊明确提出法院要发挥司法能动作用,"各级法院始终把保增长、保民生、保稳定作为工作的重中之重,切实强化政治意识、大局意识和责任意识.在认真履行审判职责、依法化解各类矛盾纠纷的同时,充分发挥能动司法的作用,运用法律手段调节经济社会关系,为有效应对国际金融危机做出了积极贡献,也为当前正

---

① 韩延龙、常兆儒编:《中国新民主主义革命时期根据地法制文献选编》(第1卷),中国社会科学出版社1984年版,第86页。
② 《中央人民政府法令汇编》(1951年),法律出版社1982年版,第37~38页。
③ 蔡定剑、刘丹:《从政策社会到法治社会》,载《中外法学》1999年第2期。
④ 侯猛:《中国最高人民法院研究——以司法的影响力切入》,法律出版社2007年版,第62~63页。

第五章　能动司法与法律适用

在探讨的能动司法提供了最为丰富和翔实的素材"。"要调整理念,增强能动司法的自觉性。从我国司法制度的本质属性和现实国情来看,能动司法更加符合当代中国经济社会发展的现实要求。必须把人民法院工作放在党和国家工作大局中加以考虑,把严格执行法律与贯彻党的路线方针政策结合起来。只有真正认识和理解能动司法的理论价值和实践价值,才能不断增强能动司法的自觉性。"①为了有效应对金融危机,最高人民法院出台了多个保障和促进经济稳定的司法解释和司法文件,发挥了非常重要的司法保障作用:

1.《关于为维护国家金融安全和经济全面协调可持续发展提供司法保障和法律服务的若干意见》(2008年12月4日)。该政策出台的原因是:国际国内金融环境变化所引发的纠纷案件在司法领域呈现出明显的反应,部分地方法院受理的金融案件开始上升。民商事案件受理案件总体同比大幅度上升,其中,借款合同纠纷和劳动争议案件增长快,买卖合同案件主动违约比例大、房地产纠纷导致借贷、合同纠纷等。

2.《关于当前经济形势下知识产权审判服务大局若干问题的意见》(2009年4月23日)。政策出台原因:国际金融危机未得到缓解,全球经济继续受挫,我国经济增速持续下滑,而影响经济健康发展的体制性、结构性矛盾依然存在,市场秩序不规范,社会诚信体系不健全,知识产权保护出现新的挑战,需要知识产权审判工作调整司法政策。

3.《关于应对国际金融危机做好当前执行工作的若干意见》(2009年6月7日)。政策出台原因:国际金融危机使企业经济效益普遍下降,一些企业破产、倒闭,企业融资困难,部分企业资金链断裂,从而形成三角债、多角债纠纷,尽管法院已作出生效判决,但由于企业履行能力下降,可供执行的财产大幅减少,财产拍卖处置难度增大,使法院执行案件数量上升,难度增大。

4.《关于正确审理企业破产案件,为维护市场经济秩序提供司法保障若干问题的意见》(2009年6月17日)。政策出台原因:面对金融危机,

---

① 王胜俊:《能动司法是法院服务大局的必然选择》,载《人民法院报》2009年9月1日。

许多企业经营困难,面临破产的危险,不少外资企业弃厂而逃,留下债务和工人给国内,给社会稳定带来巨大压力。

5.《关于当前形势下进一步做好涉农民事案件审判工作的指导意见》(2009年6月23日)。政策出台原因:金融危机导致经济全面下滑,沿海发达地区开工普遍不足,企业破产、倒闭太多,大量农民工难以找到工作.无法获得应得的劳动报酬。进入司法的案件快速上升,2008年全国法院共审结涉农案件232615件,同比上升35.81%。

6.《关于当前形势下做好行政审判工作的若干意见》(2009年7月5日)。政策出台原因:为阻止经济恶化,中央政府采取一系列调控措施,如加大固定资产投入,扩大内需,刺激经济回升。中央政策依靠中央各部委和地方政府层层落实,主要依靠行政措施,这不可避免地涉及行政相对人的利益,特别是农村土地征用、城市房屋拆迁、公共交通设施建设等政府行为必然会触及群众切身利益,引发系列行政诉讼案件。

7.《关于当前形势下做好劳动争议纠纷案件审判工作的指导意见》(2009年7月12日)。政策出台原因:一些企业为躲避债务,席卷资产潜逃,工人的工资无法支付;有的企业为降低成本,大幅度裁员,但难以支付赔偿金;有的企业降低工资、减少工人福利,住房、医疗等劳动保障也随之受很大影响;有的企业出台更苛刻的工作标准,以最大限度获取利润;有的企业增加工作时间,使工人长期疲劳工作,出现工伤事故。2008年、2009年全国法院受理劳动争议纠纷案件呈现井喷式增长,严重影响社会稳定。

8.《关于当前形势下审理民商事合同纠纷案件若干问题的指导意见》(2009年7月13日)。政策出台原因:全球金融危机蔓延所引发的矛盾和纠纷在司法领域出现明显反映,民商事案件尤其是与企业经营相关的民商事合同纠纷案件呈现大幅增长的态势。

9.《关于当前形势下进一步做好房地产纠纷案件审判工作的指导意见》(2009年7月19日)。政策出台原因:由于近年来房地产调控政策的失误,房地产业成为高投资行业.也成为高危险行业,不少地区成为地方政府财政收入的主要渠道。世界金融危机对房地产市场影响非常明显,全国商品房交易市场低迷,金融领域呆坏账超过指标,房地产企业和投机商资金链断裂,再现退地潮、停建潮、断供潮、退房潮,房地产纠纷案件数量迅猛攀升。

党和国家的政策在我国发挥着极其重要的作用,特别是在金融危机爆发以来,为了有效应对危机,实现"保民生、保增长、保稳定"的目标,政府干预与调控经济的力度空前加大。政府在调控经济过程中,采取了一系列的行政措施,由此不可避免地涉及行政相对人的利益,农村土地征用、城市房屋拆迁、公共交通设施建设等政府行为必然会触及群众切身利益,由此引发矛盾与纠纷。人民法院在司法过程中,既要妥善、正确处理这些纠纷,对政府干预经济的具体行政行为进行合法性审查,促进政府依法行政,维护行政相对人的合法权益(最高人民法院的一位领导还提出应该对行政程序的正当性进行司法审查[①]),又要为国家宏观调控政策的落实提供良好的司法保障,通过将宏观调控政策转化为司法文件、司法解释与裁判规则,从而使政策真正成为人们的行为规范。

第三节 本章小结

正确适用法律是实现司法公正不可或缺的前提,也是维护法治权威的有效手段。能动司法必须以遵守宪法与法律为前提,必须严格依法审判,坚守法律的底线,绝不允许"法外司法"。在疑难案件中,司法的裁量权必不可少。在欠缺明确法律规范的案件中,法院不应该回避案件,拒绝裁判,可以依据法律原则、政策、公序良俗进行裁判。当然,在这一过程中,裁判的说理要公开、充分。

---

① 江必新:《行政程序正当性的司法审查》,载《中国社会科学》2012年第7期。

第六章
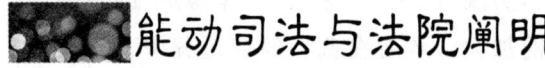能动司法与法院阐明

司法权是一种重要的政治权力,服务大局是社会主义法治理念的基本内容之一,也是人民法院能动司法的重要方式。在不同的时期,围绕中央确定的战略任务和工作重点,最高人民法院先后发布了一系列文件。如在党的十七大提出了加快经济发展方式转变的重大战略任务以后,为了充分发挥人民法院的审判职能作用,进一步增强为加快经济发展方式转变提供司法保障和服务的责任感和使命感,积极有效地为加快经济发展方式转变提供司法保障和服务,最高人民法院先后发布了《关于认真贯彻中央经济工作会议精神,为经济平稳较快发展提供有力司法保障的通知》([2008]41号)、《关于认真贯彻中央经济工作会议精神,为实现明年经济发展目标提供有力司法保障的通知》([2009]57号)、《关于为加快经济发展方式转变提供司法保障和服务的若干意见》([2010]18号)等文件,明确要求各级人民法院必须坚持能动司法。

国际金融危机不仅对我国金融市场和经济增长带来了较大的影响,而且这种影响逐步反映到司法领域的各个方面。民商事案件尤其是与企业生产经营相关的民商事合同纠纷大幅增长,同时出现了诸多由于宏观经济形势变化所引发的新型审判实务问题;因企业生产经营困难、亏损、欠薪和关闭等原因引发的各种劳动争议案件大幅增加;受国际金融危机的影响,涉农民事案件数量上升,案件中出现了许多新问题;在房地产案件的审判中也出现了前所未有的问题;在执行案件中,被执行人履行能力降低,执行难度加大;公司经营引发的公司强制清算、破产案件也大幅度

第六章 能动司法与法院阐明

增加。为了有效地应对危机,最高人民法院又先后发布了《关于当前形势下审理民商事合同纠纷案件若干问题的指导意见》、《关于当前形势下进一步做好涉农民事案件审判工作的指导意见》、《关于当前形势下进一步做好房地产纠纷案件审判工作的指导意见》、《关于应对金融危机做好当前执行工作的若干意见》等文件。上述文件中包含了最高人民法院应对危机的诸多举措,也是最高人民法院践行能动司法的制度安排。①

买卖合同是现实生活中最常见,也是最重要的交易形式,是社会主义市场经济发展进程中占主导地位的交换关系,规范买卖合同交易关系既与人民日常生活密切相关,又关系到经济社会发展的市场秩序。因此,正确处理买卖合同纠纷意义十分重大。为此,最高人民法院先后发布了《关于适用〈中华人民共和国合同法〉若干问题的解释(一)》(法释[1999]19号),《关于适用〈中华人民共和国合同法〉若干问题的解释(二)》(法释[2009]5号)、《最高人民法院关于审理买卖合同纠纷案件适用法律问题的解释》(法释[2012]7号)等司法解释以及其他规范性文件。笔者注意到,从2009年到2012年间,对于合同违约金的调整应否释明,最高人民法院的立场发生了从不能释明——可以释明——应当释明的重大转变,基本上体现了法院由消极到积极,由被动到主动的过程。

最高人民法院《关于适用〈中华人民共和国合同法〉若干问题的解释(二)》(法释[2009]5号)第27条规定:"当事人通过反诉或者抗辩的方式,请求人民法院依照合同法第一百一十四条第二款的规定调整违约金的,人民法院应予支持。"最高人民法院《关于当前形势下审理民商事合同纠纷案件若干问题的指导意见》(法发〔2009〕40号)第8条规定:"为减轻当事人诉累,妥当解决违约金纠纷,违约方以合同不成立、合同未生效、合同无效或者不构成违约进行免责抗辩而未提出违约金调整请求的,人民法院可以就当事人是否需要主张违约金过高问题进行释明。"另外,在最高人民法院《关于审理买卖合同纠纷案件适用法律问题的解释》(法释〔2012〕8号)第27条中也规定了释明,"买卖合同当事人一方以对方违约

---

① 最高人民法院编:《践行能动司法 服务社会管理:十七以来最高人民法院能动司法规范性文件专题汇编》,中国法制出版社2012年版。

为由主张支付违约金,对方以合同不成立、合同未生效、合同无效或者不构成违约等为由进行免责抗辩而未主张调整过高的违约金的,人民法院应当就法院若不支持免责抗辩,当事人是否需要主张调整违约金进行释明。一审法院认为免责抗辩成立且未予释明,二审法院认为应当判决支付违约金的,可以直接释明并改判。"①

第一节　阐明的概念、性质与价值

阐明,又称释明,是个舶来词,在德语中为"Aufklärung",其意指阐明、说明、解释、启发、开导或教导;法语表述为"expliquer",意在说明、阐明、解释原因、说明理由、表达思想和表达看法;日语中的"阐明",意在解释、说明。②

当事人由于欠缺法律知识与经验等多种原因,可能在诉讼请求、事实主张、证据以及法律适用等方面存在不适当的情形,不能准确反映其权利主张与诉讼请求,为了充分保障当事人的合法权益,促进纠纷的一次性解决,法官通过一定的方式对当事人进行告知、发问、解释、提示与引导,就是阐明。因此,释明是法院和法官的基本职责。释明属于行使审判权的范畴,目的在于保障掌握真理、真正有理有据的当事人胜诉。阐明是法院对于当事人而做出的行为,其实质是法院向相对方进行告知、发问、说明等。阐明的范围、方式是受当事人诉权的制约。一般而言,只有在当事人的诉讼请求与主张陈述不完整或不正当、提供的证据材料不充分,而且违背了当事人的真实意愿时,法院才有必要进行阐明。法院不是当事人的法律顾问,也不是当事人的代理人。③

如何理解法院释明的性质,是法院的权力还是义务? 各个国家经历

---

① 梁慧星:《审理合同纠纷案件的若干问题》,载《法律适用》2012年第12期。
② 张卫平:《民事诉讼"释明"概念的展开》,载《中外法学》2006年第2期。
③ 参见常怡主编:《民事诉讼法学》,中国法制出版社2008年版,第十章。

了一个变化发展的过程。但随着经济社会的发展和诉讼理念的变化,现在大陆法系国家普遍将阐明作为法律义务,如德国、日本、法国等均将阐明界定为法官的一项诉讼义务。如果法官违反此项义务,裁判可能被发回或者废弃。将阐明界定为法官的一项诉讼义务,有利于强化当事人诉权的程序保障,准确地认定事实、正确地适用法律,促进程序有序推进。将阐明界定为法院与法官的一项义务,也可以加强对法院审判权的合理约束,在法院没有及时履行阐明义务或者阐明不适当时,可设立相应的救济机制,如提出异议或者作为上诉、申请再审的事由。

在自由主义与个人主义诉讼观的基础上,大陆法系的民事诉讼奉行处分权主义与辩论主义。依据处分权主义,当事人有权自主决定诉讼程序的开启、终结、审判对象与范围。换言之,当事人是否起诉、反诉、撤诉、诉讼请求的范围,原则上均由当事人自由决定。处分权主义是建立在意思自治原则以及国家不干涉私权原则基础之上的。通常认为,辩论主义包括三项基本内容:一是直接决定法律效果发生的主要事实必须在当事人的辩论中出现,法院不能以当事人没有主张的事实作为判决的基础。二是对双方当事人没有争议的事实,法院应当作为判决的基础,换言之,法院受当事人自认的约束。当然,有证据证明自认虚假的例外。三是法院对证据的调查,仅限于当事人提出申请的范围,原则上不允许法院依职权主动调查证据。①

然而,自由主义诉讼观是建立在当事人地位平等的假设之上的,由当事人自由、平等地攻击与防御,法院居中裁判。但这种假设完全忽视了现实生活中寻求司法救济的当事人事实上的不平等。特别是在现代社会,普通消费者与生产者、销售者之间的纠纷,劳动者与企业之间的纠纷,如果任由诉讼程序形式上的平等,反而会加剧了当事人之间实质上的不平等、不公正和不自由。基于对自由主义诉讼观弊端的认识,人们逐步意识到,法院应当在一定的程度和范围内纠正这种不平等,为实现公正司法排

---

① 参见熊跃敏:《辩论主义:溯源与变迁——民事诉讼中当事人与法院作用分担的再思考》,载《现代法学》2007年第2期;刘学在:《辩论主义的根据》,载《法学研究》2005年第4期。

除障碍。在对古典辩论主义和职权主义进行反思的基础上,产生了强调当事人与法院在程序中进行充分对话与交流,协同整理案件的争议事实,探讨法律观点的协作型诉讼理念。这也是民事诉讼诚信原则的当然要求。在这其中,法院阐明扮演着极其重要的角色。

阐明的价值主要体现在如下几个方面。第一,阐明为当事人诉权的行使提供了充分的程序保障。如前所述,阐明可以优化辩论主义,充实处分权主义。辩论主义以当事人行使诉讼权利能力平等为基本预设,而这种预设在现实中根本不存在。如果仅仅是由于当事人对法律的无知、误解或疏忽,未能在诉讼中提出合乎程序要求的主张,未能在法定的期限内提供证据资料,使本来可以胜诉的一方败诉,形式公正的程序就会导致实质的不公正。依据辩论主义,作为判决基础的事实与证据由当事人提出,如果当事人由于无知或者疏忽而未能及时提出,法院在不予以阐明的情况就径直判决该方当事人败诉,这是极不公正的,这种自我归责机制也难以为当事人接受。在诉讼过程中,法院对事实的认定是以证据为基础的。当事人提供的证据是否适格、证明力有多大,是否达到了证明要求,都需要法院进行阐明。否则,当事人误以为所举证据已经充分,可能还有相应证据而未出示,由此导致其败诉也是不公正的。

第二,阐明有利于实现民事诉讼的目的。国家设立民事诉讼的目的,旨在保障当事人的合法权益,维护正常的社会秩序。而要实现上述目的,裁判必须建立在真实的基础之上。阐明是在尊重当事人主体地位基础之上,最大限度地发现真实、实现平等的法律机制。

第三,阐明使处分权主义充分化。诉讼处分权是民事实体法上当事人意思自治原则在诉讼中的反映。依据当事人的处分权,当事人有权自主决定诉的声明、诉讼标的,法院不能在诉外进行裁判。然而,如果由于当事人认识与知识的局限而不能正确行使处分权,法院就判决其败诉,这样的司法就很难说是公正的。为了促进纠纷的一次性彻底解决,法院有必要探求当事人的真实意愿,通过阐明使当事人的请求明确,使裁判建立在当事人真实的诉讼请求基础之上。

第四,阐明使诉讼标的明确化。理论界对诉讼标的存在不同观点,司法实践中也采用不同的诉讼标的理论来解决纠纷。① 因此,在具体的个案裁判中,法院通过行使阐明权来使诉讼标的明确化就必不可少。如在违约请求权与侵权请求权竞合时,法院应该向当事人阐明,以便当事人作出明确的选择。否则,重复诉讼就难以避免。

第五,阐明使一审程序审理更加充实,从而及时终结诉讼程序。通过法院的阐明,当事人将需要提交的诉讼资料及时、完整地提出,将不适当的主张修正,从而使所有的争议与焦点尽可能地放在一审程序中加以解决;就法律观点的阐明而言,通过当事人之间、当事人与法院之间就法律适用进行有效的交流,使当事人有充分表达意见的机会,既可以促进和解与调解的达成,也可以提升败诉的当事人接受裁判结果的意愿,从而可以减少上诉,促进纠纷的一次性解决,既节约了司法资源,也减轻了当事人的负担。这一点在当前具有特别重要的意义。

从2003年到2010年,我国的上诉率从8.83%上升到26.03%,2011年回落到25.12%,而上诉案件的改判率从2003年的24.38%下降到15.17%。② 这就说明,尽管一审裁判的质量在上升,但当事人仍然坚持上诉,而上诉改判的比率在逐年下降,部分地说明裁判的结果本身没有问题。因此,通过阐明等多种方式充实一审的审理,提高当事人接受裁判结果的意愿,具有十分重要的意义。

第六,阐明确保既判力的正当性。司法的终局性通过裁判的既判力来体现。纠纷必须终结,否则无休止地争议下去,会使整个社会陷入混乱。法院阐明为当事人提供了充分的程序保障,当事人可以展开实质性的辩论,从而最大限度地接近案件的客观真实,实现实体公正。完善的程序保障,最大限度地接近真实,在此基础上的裁判既判力就具有坚实的正当性基础,易于为当事人和社会所认可与接受。

---

① 严仁群:《诉讼标的之本土路径》,载《法学研究》2013年第3期。
② 娄必县、张仁虎:《司法公信力的检讨与重塑——基于二审改发率、上诉率和信访变迁的三维考察》,载《法律适用》2013年第1期。

第二节 阐明的理念基础

法院阐明是践行能动司法与司法为民的要求。能动司法要法度法院在遵循司法规律的前提下依法积极司法,促进案件事实真相的发现与正确适用法律,从而实现司法公正。公正是司法的本质要求和永恒的价值追求。绝大部分民事案件的当事人都是案件事实的亲历者或者知情者,即使这些当事人没有能力评价法官的知识水平、法律技艺,但对法院认定的案件事实是否符合真相通常都是最有发言权的。如果法院错误地认定了事实,当事人是难以接受裁判结果的。如《关于民事诉讼证据的若干规定》所确立的举证时限与证据失权制度,对当事人逾期提交的证据一律不予采纳,不符合当事人对于司法公正的期待,有违实体公正,因此 2012 年修订《民事诉讼法》时对此作了较大的调整。确立法院阐明制度,要求法官通过积极的行为来促进案件事实真相的发现,使当事人的合法权益得到保障,是践行能动司法理念,实现司法为民的具体表现。

阐明是保障当事人权益与人权的要求。我国《宪法》明确规定,国家尊重和保障人权,保护公民合法的私有财产。但在现行制度框架下,宪法不能直接作为裁判的依据。因此,宪法规定的公民基本权利必须通过部门法来具体化。就程序法而言,诉权是人权的重要内容与不可或缺的组成部分,是当权益受到侵害之后得到法院救济的权利。"救济先于权利",如果权利缺乏切实可行的制度与程序保障,则权利的存在就是虚幻的。在民事诉讼程序中,法官是掌握诉讼决策的人,如对于某一待证事实,当事人误以为证据已充分,但法官认为还不足以形成"心证"时,就应该向当事人阐明,给予当事人继续提交证据的机会。如果不经阐明就直接作出裁判,就构成了"突袭性裁判",裁判结果就难以得到当事人的认同。

阐明是促进司法公正的要求。司法公正包括司法过程的公正与司法结果的公正,或者称为程序公正与实体公正。阐明对于司法公正的意义在于,一方面提高了当事人诉权的程序保障水平,法院通过适当的方式,

第六章 能动司法与法院阐明

使当事人争议的纠纷在独立、中立的法庭面前得到实质性的辩论,据以支持自己主张的事实与理由得到充分的展示,通过这种正当程序来提升当事人接受裁判结果的愿意。另一方面,阐明追求案件真相发现与法律的正确适用,无论是认定事实还是适用法律,在双方当事人与法官进行充分的意见与信息交流之后,会降低出错的可能,从而促进实体公正的实现。换句话说,阐明旨在让真正有理有据的当事人赢得诉讼。

阐明与防止突袭性裁判。"禁止突袭性裁判"最早是由德国联邦最高法院在判决中提出来的,后经1976年《民事诉讼法》确立,即在第278条规定了为防止发生法观点的裁判突袭的法官阐明义务。2001年修法时再次将阐明义务扩展至为防止突袭性裁判,法官负有法观点、事实观点以及性质上难以界定的观点的阐明义务。大致来说,突袭性裁判指的是一个法院的终局裁判,它的内容依据法定的程序进行,无论法院有无突袭的意图,都无法被当事人正当地期待。具体来说,突袭性裁判包括如下类型:

一是发现真实的突袭性裁判。某案基本案情为:原告将房屋的地下室与排水设施交由被告二人承揽建设,但完工后却发生地下室漏水。原告为此申请证据保全,并诉请被告赔偿。起诉后在一审程序中原告申请另一证据保全,在保全程序中M教授出具书面鉴定意见,该意见认为被告完成的工作物有重大瑕疵。一审法院以被告提出的超过诉讼时效为由,判决驳回了原告诉讼请求。原告提起上诉的诉讼理由,也仅针对被告之时效抗辩提出意见反驳。被告对原告上诉理由的反驳,主要也只是针对时效问题。第二审法院在审理过程的历次言词辩论中,也只阐明过有关时效的证据,未曾提示过在时效以外有关损害赔偿的范围问题。但最后却以在第一审证据保全程序中作成的鉴定意见为据,而改判原告胜诉。很显然,在这种情形下,法院的判决是一个不合法的突袭性裁判,其判决结果超出了被告的合理预期。如果二审法院能够及时阐明鉴定意见的证据,被告可以有机会针对原告损害赔偿请求的原因与数额提出实质性的抗辩,以便排除鉴定意见,或者至少可以申请询问鉴定人。联邦最高法院以二审未指示为判决基础的鉴定意见供当事人辩论,二审判决构成突袭性裁判为由予以废弃。

二是法律适用的突袭性裁判。当一审及当事人均仅从德国法(本国法)的适用出发,进行攻击防御与陈述意见,在整个诉讼过程中从未考虑要适用外国法(瑞士法)。此时第二审法院因为并未使当事人就该案究竟应适用本国法还是外国法的法律适用问题,有表达意见的机会,而突袭性地适用外国法,构成突袭性裁判,因而该判决被联邦最高法院废弃。①

三是性质难以界定的观点的突袭性裁判。有时,对于某一观点与事项的性质是事实观点还是法律观点,难以截然区分。案情为:原告厉夫金在承包地里种植了桃树。被告江苏省徐州铜利铸造有限公司(以下简称铜利公司)是一家钢铁生产企业。桃园位于铜利公司附近。厉夫金发现,铜利公司排放的烟尘飘落在桃树上,许多幼果出现了萎缩。厉夫金认为,铜利公司排放的烟尘影响了桃树生长,造成桃园减产,给其造成了经济损失。双方曾就 2005 年度桃园的赔偿问题达成协议,由铜利公司补偿厉夫金 5000 元,但就 2006 年的赔偿问题未能达成一致意见。2006 年 6 月,厉夫金委托铜山县果树技术指导站对桃树受损的情况进行估价,该站在现场勘查后,作出了果树受损价值估算证明,2006 年的总产值损失为 78508.8 元。厉夫金据此向法院起诉。

铜山县人民法院一审判决被告赔偿 78508 元。铜利公司不服一审判决,提起上诉。

徐州市中级人民法院二审认为,本案是因环境污染引起的损害赔偿案件,根据法律和相关司法解释的规定,该案件适用特殊的举证责任分配规则,即受害人应当证明其受损害的事实,加害人应当就法律规定的免责事由及其行为与损害结果之间不存在因果关系承担举证责任。对铜利公司排放烟尘的行为和厉夫金桃园受到的损害后果之间是否有因果关系这一争议事实,人民法院依法应向当事人释明,释明本案举证责任的分配规则、负担举证责任的当事人应当申请鉴定以及不申请鉴定的法律后果。铜利公司在二审程序中称一审法院未对该案举证责任的承担和鉴定事项

---

① 以上两个案例参见吴从周:《法律汉字译语与法律继受——以民事诉讼法上"听审请求权"之形成译语整合与"突袭性裁判禁止"之原始意涵诠释为例》,载《成大法学》第 10 期(2005 年 12 月)。

第六章 能动司法与法院阐明

进行释明,一审法院的开庭笔录对此也记载不清,故原判决认定事实不清。据此撤销原判,发回铜山县人民法院重审。

铜山县人民法院在重审过程中,法官依法向双方当事人释明,明确了本案举证责任的分配规则和鉴定的相关法律规定。铜利公司随即申请对挑园的损害事实与其排放的烟尘之间有无因果关系进行鉴定,并称如有因果关系,再申请对厉夫金挑园的具体损失予以鉴定。双方当事人经过协商,均同意委托铜山县环保局进行鉴定。但在法院委托鉴定后,铜山县环保局以受技术条件限制为由拒绝鉴定。后双方又协商欲申请一家省级鉴定机构进行鉴定,但因该鉴定机构要收取 11.5 万元的鉴定费,而该鉴定费用已超过厉夫金起诉索赔的标的额,诉讼成本明显过高,这样的鉴定对解决纠纷也不具备实质意义。法官从经验常识和逻辑规则出发,认定铜利公司排放烟尘和厉夫金桃园的损害后果之间具有一定的因果关系,铜利公司应当承担一定的赔偿责任。在此基础上,法官通过向双方当事人行使释明权,明确双方各自的权利义务,说明如果彻底查清事实、依法裁判所可能给双方带来的有利和不利后果,告知双方当事人法院审判案件的基本思路,即努力追求既要解决纠纷、实现双方当事人正常的生产经营和今后的和睦相处,又要尽可能地降低诉讼成本,减少当事人的损失。经过法官释明和耐心调解,双方当事人达成调解协议,就厉夫金承包期间的损失赔偿问题达到了一致意见,一次性地解决了纠纷。

上述案例中,第一个案例构成事实认定的突袭性裁判。一审与二审中,当事人仅围绕诉讼时效的问题展开攻击也防御,但二审法院裁判的事实依据却是 M 教授的鉴定意见,法院未及时阐明,就以鉴定意见为认定事实的依据,剥夺了被告的辩论权。第二个案例中,当事的辩论均围绕本国法(德国法)进行,而法院却出乎意料地适用外国法(瑞士法),尽管"法院知法"是公认的原则,但并不代表法院在适用法律时无须阐明,法律的适用超出了双方当事人的合理预期,构成突袭性裁判。第三个案例是因环境污染引起的损害赔偿案件,根据法律和相关司法解释的规定,该案件适用特殊的举证责任分配规则,即受害人应当证明其受损害的事实,加害人应当就法律规定的免责事由及其行为与损害结果之间不存在因果关系承担举证责任。法院应对此进行阐明而没有进行阐明,构成了突袭性裁判。因此被二审法院发回重审。

第三节 阐明的具体化

首先应该明确阐明的具体内容:一是对诉讼请求的阐明。诉讼请求是当事人通过诉讼想获得的利益。"不告不理"是两大法系共同的诉讼原则,法院只能在当事人诉讼请求的范围内裁判,而则就是不合法的"诉外裁判"。[①] 如果当事人的诉讼请求不明确、不充分、不适当,其合法权益就难以得到有效的保障。因此,对诉讼请求的阐明就至关重要,具体而言适用于:

1.诉讼请求不明确。即当事人提出的诉讼请求不具体、不明确,如原告笼统地主张要求被告赔偿损失。如果当事人一方提出的诉讼请求不具体不明确,对方当事人就不能有针对性地进行反驳,法院也难以准确地确定审理对象与裁判范围。

2.诉讼请求不充分。在一些特殊的案件中,一方当事人本可以同时提出多项诉讼请求,而且也只有这样才能周全地保障其权益。但该当事人由于欠缺必要的法律知识,只提出了其中的一部分诉讼请求。在我国公众的法律素养普遍不高的情况下,这种情况比较常见。而且法律本身是复杂的知识体系,非专业人员难以精确把握。在这种情况下,法院应该进行阐明,促进纠纷一次得到彻底解决,充分保护当事人权益。

3.诉讼请求不适当。指当事人的诉讼请求在法律上难以成立,或者即使在法律上成立,在现实中也不可能实现。如在原告诉被告霞浦县海洋与渔业局一案中,被告依据原告的申请,于 2001 年 10 月 18 日向其颁发了《海域使用证》。2003 年 4 月,被告根据《海域使用权证书管理办法》的规定,收回原告的《海域使用证》以换新证。换证期间,霞浦县政府将同

---

① 法院调解可以超出当事人诉讼请求的范围,这也是调解相对于判决的比较优势。

一海域颁证给案外第三人,后被撤销。原告多次要求被告返还《海域使用证》。被告认为原告应重新申请。原告不服,诉请要求被告返还原《海域使用证》。法院审理后认为,被告有权发放和管理海域使用权证书,依据《海域使用权证书管理办法》的规定,自2002年6月27日起,全国统一启用新式海域使用权证书。被告依法有权收回原告的《海域使用证》以换新证。因此,原告要求返还旧式海域使用权证,于法无据,不予支持。但是,原告的海域使用权期限并未届满,被告也未决定收回该海域使用权,被告认为原告应重新申请海域使用权的主张不予支持。根据《海域使用权证书管理办法》第14条的规定:换发或者补发海域使用权证书,如果内容没有改变的,证书原编号不变。基于上述认识,法院对原告的诉讼请求进行释明,指出原告请求返还旧海域使用权证不当,可以请求换发新式证书。经法院释明,原告改为请求被告换发新《海域使用证》。法院支持了原告的诉讼请求[①]。

4.变更诉讼请求。依据处分原则,当事人有权放弃、变更或追加诉讼请求。在诉讼中,如果当事人主张的法律关系的性质或者民事行为的效力与人民法院根据案件事实作出的认定不一致的,人民法院应当告知当事人可以变更诉讼请求。当事人变更诉讼请求的,人民法院应当重新指定举证期限。这一点在《合同法》及《关于民事证据规则的若干规定》中有所体现。

二是对事实主张的阐明。依据辩论主义,法院只能对当事人主张的事实进行审理与裁判。在诉讼过程中,如果当事人主张的要件事实不明确,法院在不经阐明的情况下就直接判决该当事人败诉,与司法公正的要求是相违背的。具体而言,对事实主张的阐明适用于事实主张不明确即含糊不清;事实主张不适当即与诉讼请求无关;事实主张不充分即没有尽到相应的主张责任。

三是对证据的阐明。证据是认定事实的依据,具有至关重要的作用,往往直接决定诉讼的胜负。在诉讼过程中,当事人提交的证据是否具有证明能力、具有多大的证明力,是否达到了证明要求,证明责任如何分配,

---

① (2006)霞行初字第10号。

法院均应该进行阐明,以便为当事人充分举证、质证与辩论提供充分的程序保障。具体而言,包括申请人民法院调查收集证据;未提出证据材料;证据不充分;证明责任分配。

四是对法律观点的阐明。指法院与双方当事人就案件的法律适用进行讨论,指出当事人忽略的法律观点。通过阐明,当事人有机会就法律适用进行充分的辩论,相互交流观点,也为法官正确适用法律提供了更多的信息。具体而言,包括对法律关系不明确的阐明;当事人对法律关系认识不一致的阐明;同一事实多种法律关系的阐明。①

此外,从更宽泛的意义上讲,阐明包括在立案、审理与执行的全过程中,法官对当事人就有关程序事项作出说明与指引,引导当事人诚信地进行诉讼;对不理解法律规范意义的,要以当事人易于理解的方式释明,使其充分地表达诉求;要及时告知当事人面临的诉讼风险。

其次要明确阐明的界限。社会生活复杂多样,案件情况也是千差万别。法院阐明与司法的自由裁量密不可分。因此,难以在制度层面对阐明作出清晰、明确的规定。但阐明也并非无章可循,可任意为之。第一,阐明以尊重当事人处分权为前提。法院阐明不是替代当事人提出主张、提交证据、进行辩论,而是通过适当的方式向当事人进行告知、发问与引导。法院阐明之后,当事人是否变更请求、补充证据,均由当事人自行决定。一般而言,在法院阐明之后,当事人没有提出的主张、事实与证据,不得再行提出。这既是诉讼经济的要求,也是诉讼诚信的体现。第二,阐明不能违反法官中立的原则。诉讼原本是"两造三方"的格局,当事人各自提出自己的主张,围绕事实与法律进行辩论,法官居中裁判。法官中立是程序公正中最基本的内容,也是阐明的界限。当然,法官中立并不意味着消极无为,只是表明在诉讼中,法官和当事人应当保持同等的距离,应该平等地对待双方当事人。法官的中立立场与法律的立场必须保持一致,依照法律给予一方当事人特别的程序救助手段或提供行使诉讼权利的帮

---

① 许士宦:《程序保障与阐明义务》,学林文化事业有限公司2003年版,第143页。

第六章 能动司法与法院阐明

助,恰恰是维护程序公正的必要措施。① 但阐明不是帮助一方当事人"对付"另一方当事人。第三,对阐明的事项与范围不应作太多的限制。阐明可以针对诉讼请求、事实、证据、法律适用以及诉讼程序,对于一切可能影响当事人权利的重要事项,法院都有阐明的必要。当然,诉讼时效不应该阐明,因为诉讼时效抗辩权是债务人的私权,其行使与否应依债务人的自由意思而定。如果债务人在诉讼中没有主张诉讼时效抗辩权,法院就不应越俎代庖,代替债务人行使权利。而且,诉讼时效抗辩权是一种特殊的抗辩,一旦法院作出释明,就有可能导致债权人的全面败诉。对此最高人民法院的司法解释已有明确规定。但还是有学者主张应该区别不同的情况,对诉讼时效实行有条件的阐明。② 第三,阐明应该及时。当前民事诉讼的重要任务,在于第一审程序中即将所有重要的事实与法律资料为完整与集中审理,从而最大限度与最大可能地充实第一审程序。于此,就可以提升当事人接受第一审裁判结果的意愿,减少当事人上诉的可能性,从而节约有限的司法资源,减轻当事人的诉累。特别是在当前我国"案多人少"的矛盾非常突出,短时期内增加司法人员编制与数量又不可能的现实条件之下(李克强总理约法三章:本届政府内,一是政府性的楼堂馆所一律不得新建;二是财政供养的人员只减不增;三是公费接待、公费出国、公费购车只减不增),法院及时、及早阐明更加具有重要的意义。第四,推进司法公开。司法公开是提升司法公信力,树立司法权威的重要途径。我们通常意义上讲的司法公开,是强调案件审理过程的公开,庭审的公开,裁判文书的公开,民商事案件执行的公开。但从法院阐明的角度来看,司法公开应该包括法官在审理过程中公开"临时心证"。即在判决作出之前,法官就争议事实的认定、法律关系的性质、证明力认定等问题,向当事人公开、披露并表明有关法律见解,以便当事人了解法官心证形成的基础。从而给予当事人提出异议与辩论的机会,有效保障当事人权益。

---

① 柴发邦主编:《体制改革与完善诉讼制度》,中国人民公安大学出版社1991年版,第68页。
② 熊跃敏:《民事诉讼中法院释明的实证分析》,载《中国法学》2010年第5期。

第四节　本章小结

阐明对于准确认定事实、正确适用法律、程序的有序推进均具有重要的意义,是对当事人主义诉讼模式下辩论主义与处分权主义的优化与补充。特别是在当前我国案件上诉率较高的情况下,通过阐明来促进一审程序的充实、充分,从而提升当事人接纳一审裁判结果的愿意,具有特别重要的现实意义。在确保法院中立的前提下,不应该对阐明的范围作过多的限制。当然,阐明对法官提出了更高的要求,在阐明时应该注意方式与限度。

第七章
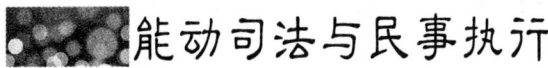能动司法与民事执行

长期以来,我国民事司法领域中存在着"告状难"、"审判难"、"执行难"三大难题。在这三者之中,执行难尤为突出。生效裁判确立的权利得不到实现,法院的判决书、裁定书与调解书被公众戏称为"空调白判"。当事人的权益得不到实现,司法的权威得不到体现。可以说,"执行难"是人民法院各项工作中矛盾最为集中、利益冲突最为激烈的领域,也是社会各界反应非常强烈的问题。当然,执行难的成因非常复杂,社会诚信缺乏是根本原因。为了解决执行难的问题,在中央有关部门的支持下,2008年开始人民法院开展了清理执行积案的活动并取得了一定的成效。不少法院坚持能动司法、创造性地开展执行工作,做出了突出成绩。比如,北京市利用"全国公民身份信息系统"和"全国组织机构基本信息检索系统"的信息资源优势,委托律师查找被执行人财产;河南动员26个部门,形成执行合力,对不履行义务的被执行人进行联合限制;江苏省在每个村民委员会指定2名执行联络员,负责协助执行,提供被执行人的财产状况等线索;广西法院注重采取拘留、限制出境及追究刑事责任等震慑方式;四川高院建立了执行救助机制;陕西建立了悬赏执行机制;广东建立了主动执行机制等。[①] 在上述各种探索中,民事执行救助与主动执行总体上取得了良好的法律效果与社会效果,但关于民事执行救助与主动执行的认识

---

① 罗东川:《我国能动司法的理论与实践评述》,载《法律适用》2010年Z1期。

与实践还很不统一,因此亟待规范与完善。①

第一节 能动司法与民事执行救助

民事执行救助,是指在民事案件执行过程中,对债权因客观原因尚未实现且生活确有困难的申请执行的自然人,由人民法院给予适当物质帮助的司法救助行为。应该明确的是,在我国当前的实践中,执行救助既有法院执行机构的救助,又有民政机关的救助。但本书所指称的执行救助专指法院实施的救助,救助主体为人民法院。从上述定义出发,可知民事执行救助具有如下基本特征:首先,从性质上看,民事执行救助是临时性、应急性、一次性的司法救助,因此申请执行人在一宗执行案件中只能申请一次救助。其次,从执行救助的目的看,民事执行救助不是人民法院替代被执行人履行债务,而是为被执行人确无财产可供执行的特定案件的申请执行人提供的司法救助。再次,从执行救助的原因来看,主要是针对因遭受侵害而不能维持当地最低生活标准,或因部分或全部丧失劳动能力、缺乏必要的生活及医疗费用、生活难以维持,或因受害致死给家庭生活造成巨大困难的,且申请执行人的债权因客观原因未能实现的情形。复次,从执行救助的主体来看,执行救助是由人民法院实施的救助行为。最后,从救助对象来看,司法执行救助的对象是已进入执行程序,而被执行人确无履行能力的案件的申请执行人。一般而言,民事执行救助只适用于申请执行人的权益一时难以实现,且生活严重困难而急需救助的申请执行人。

1. 民事执行救助的依据

一是宪法依据。民事执行救助的宪法依据源于公民的物质帮助权。物质帮助权是我国公民的一项基本权利,为 1954 年我国第一部宪法所确认,现行宪法第 45 五条也对其作了明确的规定:"中华人民共和国公民在

---

① 王杏飞:《能动司法与民事执行救助》,载《暨南学报》(哲社版)2011 年第 6 期。

年老、疾病或者丧失劳动能力的情况下,有从国家和社会获得物质帮助的权利。"毫无疑义的是,源于公民生存权的物质帮助权是宪法上积极的基本权利,其实现依赖于国家的积极行为,由此决定了国家的积极义务。但在我国,对物质帮助权的认识还存在分歧。如有观点认为,物质帮助权是公民因失去劳动能力或者暂时失去劳动能力而不能获得必要的物质生活资料时,有从国家和社会获得生活保障,享有集体福利的一种权利。有学者认为,物质帮助权是公民享有的获得社会经济保障的权利。详言之,即公民在年老、患病或丧失劳动能力的情况下,从国家和社会方面获得退休费、抚恤费、救济福利费、补助费、医疗费、生活费等物质帮助的权利。还有学者认为,物质帮助权,是公民因特定原因不能通过其他正当途径获得必要的物质生活手段时,从国家和社会获得生活保障,享受社会福利的一种权利。上述观点虽都在一定程度上揭示了我国宪法物质帮助权的内涵,但均混淆了物质帮助权与社会保障权的范围,且排除了国家对公民在单纯遭遇生存障碍危机中的保障义务,因此均有局限。对物质帮助权应作全面的理解:一是在物质帮助权的范围上,既包括以生活保障为核心的社会保障权,也包括以生存保障为核心的社会救助权。二是在物质帮助权权利主体的范围上,并不以主体履行相应义务为获得物质帮助的前提条件。三是在物质帮助权的实现形式上,国家义务的形式主要应以物质援助的形式加以实现。基于此,我国宪法中的物质帮助权是公民基于生存权而享有的社会经济保障权利,是公民因疾病而面临生存危机时,或因年老、丧失劳动能力而丧失所必需的物质生活条件时,向国家和社会主张物质性援助的权利。①

笔者原则同意上述最后一种观点,但同时认为,公民获得物质帮助权的条件不应仅仅局限于"年老、疾病或者丧失劳动能力",对此应作扩充解释或目的解释。既然物质帮助权是公民基于生存权而享有的社会经济保障权利,因此只要公民存在生存困难与危机,国家就有提供帮助的义务。在民事执行案件中,当申请执行人获得法院生效裁判确定的权利后却因客观原因不能实现且生活出现困难时,国家就有提供物质帮助的宪法性

---

① 魏昌东、田军:《公民物质帮助权尚需保障机制》,载《检察日报》2004年6月8日。

义务。因此，由人民法院对确有困难的申请执行人提供救助，其实质是保障申请执行人物质帮助权的实现。

二是政策依据。中央和最高人民法院对建立执行救助制度高度重视，先后发布了一系列文件。2005年12月26日，中共中央政法委在《关于切实解决人民法院执行难问题的通知》中指出："探索建立特困群体案件执行的救助办法。各地可积极探索建立特困群体案件执行的救助基金，对于双方当事人均为特困群体的案件，当被执行人无履行能力时，按一定程序给予申请执行人适当救助，解决其生活困难，维护社会和谐稳定。"2007年11月28日中央政法委下发的《关于完善执行工作机制，加强和改进执行工作的意见》明确要求，"各级人民法院、财政、民政等部门加强沟通协调，尽快建立特困群体执行救助专项基金制度。"2007年1月15日最高人民法院《关于为构建社会主义和谐社会提供司法保障的若干意见》提出："建立特困群众执行救助基金，为他们实现债权提供便利和帮助。"在2008年11月开始的全国集中清理执行积案活动中，明确要求各地建立救助机制。2009年8月19日，周永康同志在全国集中清理执行积案活动第三次电视电话会议上强调指出："对于被执行人确实没有履行能力，而申请执行人为特殊困难群体的，可以通过建立国家救助体系、设立专项资金或者纳入社会保障体系予以解决。"2009年出台的最高人民法院《关于进一步加强司法便民工作的若干意见》（法发[2009]6号）指出："人民法院应当积极协调有关部门推进建立司法救助基金，严格依法做好诉讼费减缓免工作，加大对受害人无力赔偿、被执行人无财产可供执行的各类案件受害人以及其他涉诉困难群众的社会救助力度。"上述中央政法委与最高人民法院的上述文件及中央领导人的讲话，为推动执行救助制度的建立提供了政策依据，同时也提供了坚强有力的组织保障。

三是学理依据。我国通说认为，民事执行权是国家权力的一种形式。① 但对民事执行权应当如何定性,大致存在三种不同的观点:② 一是司法权说。认为执行行为是国家司法机关实施的强制行为。我国的民事执行由法院实施,因此民事执行权是司法权。二是行政权说。该说认为,执行行为的目的不是解决当事人之间的民事纠纷,而是实现生效裁判文书所确定的权利。执行权具有主动性、非审判性,执行追求迅速、及时和连续性,与以被动性、中立性、裁判性为主要特点的司法权存在重大区别。从实践来看,法院在执行程序中主要实施的是具有行政权属性的行为,因此执行权是行政权。三是折中说。认为在民事执行中包含了两种不同性质的行为——执行行为与执行救济行为。前者是执行机构依据执行名义采取查封、扣押、冻结等措施强制债务人履行,具有主动性、非中立性、非平等性等行政权的特点。后者涉及的是执行程序中的争议,是为解决争议而实施的行为,同样具有司法权的被动性、中立性、平等性的要求。因此,执行行为本身具有行政权的属性,而执行中的救济行为具有司法权的属性。

笔者基本赞成上述"折中说"。司法权说是以我国现行的执行制度为依据的一种认识,其基本的理论逻辑是,人民法院是行使国家司法权的机关,而民事执行程序与诉讼程序均规定在民事诉讼法中,执行权由法院来行使,因此执行权是司法权。但民事执行权不一定由法院来行使,执行程序也可以不规定在民事诉讼法中,因此这种观点并不具有充分的解释力与说服力。行政权说认识到了执行行为所具有的行政属性,但忽略了执行救济行为所具有的司法权属性,因此存在以偏概全的不足。折中说正确区分了执行行为与执行救济行为的不同性质,有利于从理论上把握两种不同行为的差异,在制度上更好地优化审判权与执行权的配置,审判职能由审判机构来处理,执行职能由执行机构来实施。从实践来看,强制执行行为中的"调查被执行人的财产、送达有关法律文书、指令协助执行单

---

① 大致有三种不同的观点,一是债权人说;二是国家权说;三是折中说。参见沈德咏、张根大:《中国强制执行制度改革——理论研究与实践总结》,法律出版社2003年版,第77页。

② 赵钢等著:《民事诉讼法》,武汉大学出版社2010年第2版,第22章。

位进行协助执行、公告、督促被执行人履行义务等等,这些工作所体现的职权不是司法权,而是行政权"。① 域外强制执行的制度与实践也支持这一观点。如日本《强制执行法》规定,"民事执行,根据申请,由法院或者执行官实施。""当执行官执行职务受到抵抗时,可以采取强制措施排除其抵抗,或者请求警察予以协助。"②德国的执行行为也被当成行政活动来看待。审判与执行是分离的,执行机构负责实施执行,执行中的实体问题则由执行标的所在地的法院管辖。在执行活动中,法院仅仅是执行协助的机关之一,警察也会依法协助执行。③ 法国从1993年起实施执行法官与司法执达员制度。司法执达员不是法院的工作人员,而是负责执行的司法助理人员,对执行事务具有垄断权。④ 依据《俄罗斯联邦执行程序法》的规定,俄罗斯联邦司法警察和俄罗斯联邦各主体司法局的司法警察负责强制执行法院裁决和俄罗斯联邦其他机关的裁决,司法警察归俄罗斯联邦司法部序列。⑤ 美国的执行工作由地方或联邦执行官来完成。联邦司法部内设联邦执行官署(United States Marshals Service),联邦执行官署的最高领导为执行法官总监,由总统根据参议院意见任命。地方执行官由公众选举产生。可见,执行权也是行政权。⑥ 综上所述,对于民事强制执行程序中的执行行为,可以认定其具有行政权的属性,应该具有一定的主动性。人民法院对因债权无法实现且生活确有困难的申请执行人实施执行救助,完全符合执行权的所具有的行政权属性。

四是现实依据。当前,我国执行工作面临诸多严峻的挑战,以"执行难"与"执行不能"表现尤为突出。严格来说,"执行难"是指被执行人有履行能力,但由于种种原因未履行义务的情形。当前的"执行难"具体表现

---

① 沈德咏、张根大:《中国强制执行制度改革——理论研究与实践总结》,法律出版社2003年版,第83页。
② 白绿铉编译:《日本新民事诉讼法》中国法制出版社2000年版,第205页。
③ 叶蓁:《论民事强制执行中的财产调查权》,载《环球法律评论》2011年第1期。
④ [法]让·文森等著:《法国民事执行程序法要义》,罗结珍译,中国法制出版社2002年版,第32页。
⑤ 张西安等译:《俄罗斯联邦民事诉讼法、执行程序法》,中国法制出版社2002年版,第186页。
⑥ 徐美君:《比较司法制度》,中国人民公安大学出版社2010年版,第298~299页。

为"四难":即被执行人难找、被执行人财产难寻、应执行财产难动、协助执行人难求。与此不同,"执行不能"是指被执行人确无可供执行的财产,如有的被执行人身体残疾、经济困难缺乏履行能力,有的年老体衰丧失履行能力,有的被判处刑罚短期内缺乏履行能力,有的长期下落不明且无任何可供执行的财产。因此,我们不能把所有"拿不到钱"的判决都称为执行难,而应当将"执行难"与"执行不能"合理区分开来。然而,无论是"执行难"还是"执行不能",对于申请执行人而言,都意味着裁判文书确定的权利不能兑现,"空调白判"成为活生生的现实;对法院而言,意味着生效裁判徒有宣示作用,司法权威失落。这在实践中容易引发严重的社会问题,如部分执行申请人属于特困群体,生产生活极其困难,在获得法院的生效裁判之后权益不能得到及时实现时,往往会多次上访,甚至采取自杀、自残等极端方式敦促法院执行,严重影响了社会稳定。尽管包括执行难与执行不能等执行问题是社会问题的综合反映,彻底解决有赖于我国政治文明的逐步发展,市场经济体制的进一步健全,全社会法制观念的进一步增强以及国家各项管理制度的进一步完善。但在当前的现实条件下,通过执行救助来对生活确有困难的申请执行人给予一定的救助,解决其基本生活问题,不仅可以有效地解决申请执行人的生活困难,部分缓解执行矛盾,而且可以促进全社会的和谐稳定,同时也有助于树立良好的司法形象与司法权威。当然应该明确的是,人民法院对申请执行人实施的执行救助,"这种做法本身就超越了案件的执行范围,是人民法院发挥主观能动作用的例证,在一定程度上帮助申请执行人渡过难关,是落实司法为民的重要举措"①,是人民法院践行能动理念的重要举措。

2. 民事执行救助制度之构建

第一,关于执行救助基金的来源与管理。结合当前各地法院的实践,笔者主张执行救助基金可以由以下几方面组成:一是地方财政预算。财政预算应成为执行救助基金的主要来源,今后应在地方财政预算中将执

---

① 黄文艺:《我国法院案件执行救助制度的实践与完善》,载《人民司法》(应用) 2010 年第 5 期。

行救助基金作为独立的支出单列,①否则法院的执行救助就会成为无源之水。二是诉讼费。笔者主张,可以从诉讼费和执行费中提取一定比例来补充执行救助资金的不足。三是执行罚金。依据现行民事诉讼法的规定,人民法院对单位和个人取可采取罚金,②如能将罚金以一定比例用于执行救助,则可缓解执行救助资金来源不足的困境。目前已有地方法院采取这种做法,如永康市人民法院从每年追缴的罚金中以20%的比例提取用于补充执行救助基金。③ 四是社会与慈善捐款。尽管社会捐款具有来源不稳定的弱点,但从扩大执行救助基金来源的角度考虑,仍应将捐款纳入其中。从实践来看,"在浙江瑞安、临海等市法院建立的执行救助基金各30万元,全部来源于社会筹集;浙江湖州市南浔区人民法院的30万元执行救助基金完全来自于慈善总会从救济款中划出。五是其他来源。如在某些特殊案件中,原告不存在或不明确时,由特定的国家机关代为起诉后获得的赔偿金无人认领,则可划入执行救助基金。如陕西省西安市长安区法院、检察院、公安局、民政局共同签署了文件,在交通肇事案件中,民政部门可以作为附带民事诉讼原告人为维护"无名氏"权益提起诉讼。"无名氏"死者的赔偿金由民政局单设会计科目保管,并建立财务账册。赔偿金保存5年后无人认领的,可转入社会救济基金账户。另外,对于无主财主经法定程序确认之后,也可考虑划入执行救助基金。如此一来,通过建立多渠道资金筹集机制,能有效保证执行救助基金有稳定的来源,长期发挥救急救难、化解矛盾和维护社会稳定的作用。

关于执行救助基金的管理,目前各地法院的做法并不统一。如《云南省高级人民法院民事执行案件司法救助实施办法(试行)》中规定,救助基金由法院管理;石门人民政府在《特困对象案件执行救助基金管理暂行办法》规定,由县政府成立特困对象案件执行救助基金领导小组,由常务副县长任组长;《永安市特困群体实行执行救助实施办法》规定,执行救助基

---

① 如江苏省财政厅《关于设立执行救助专项资金的通知》确立了执行救助基金的明确地位。

② 《民事诉讼法》第104条规定:"对个人的罚款金额,为人民币一万元以下。对单位的罚款金额,为人民币一万元以上三十万元以下。"

③ 童兆洪:《民事执行的法理思辨》人民法院出版社2006年版,第449页。

第七章　能动司法与民事执行

金由民政部门管理。考虑到执行救助是由申请执行人的债权无法实现引起的,与执行工作存在密切的联系;执行救助对象与救助数额的确定均需要依据案件的具体事实来决定,法院的执行机构最了解这些情况,因此由法院对执行救助基金进行管理与决策较为合适,可以在法院的执行部门设立执行救助办公室,统一负责执行救助基金的管理与发放等工作。

第二,关于执行救助的案件范围、对象及发放标准。执行救助的案件范围,应严格限制在已进入执行程序中的案件。具体而言,至少应当包括:一是刑事附带民事案件。当然对此类案件进行救助的前提是刑事案件的被告人缺乏赔偿能力且被害人迫切需要司法救助。二是事故类案件。如道路交通、工伤、医疗事故或其他人身损害赔偿案件的申请执行人,生活极其困难,而被执行人确无财产可供执行的。三是追索特殊债权的案件。如追索赡养费、扶养费、抚育费或抚恤金、养老金、社会保险金案件的申请执行人,生活极其困难,而被执行人确无财产可供执行的。四是其他案件。明确执行救助的案件范围,便于执行救助机构在实践中把握与操作。

执行救助对象应为因债权不能实现且严重影响生活的申请执行的自然人。具体应包括以下情形:一是追索赡养费、扶养费、抚育费、抚恤金的;二是孤寡老人、孤儿和农村"五保户";三是无固定生活来源的残疾人、患有严重疾病的人;四是国家规定的优抚、安置对象;五是追索社会保险金、劳动报酬和经济补偿金的;六是交通事故、医疗事故、工伤事故、产品质量事故或者其他人身伤害事故的受害人,请求赔偿的;七是因见义勇为或为保护社会公共利益致使自己合法权益受到损害,本人或者近亲属请求赔偿或经济补偿的;八是进城务工人员追索劳动报酬或其他合法权益受到侵害而请求赔偿的;九是正在享受城市居民最低生活保障、农村特困户救济或者领取失业保险金,无其他收入的;十是因自然灾害等不可抗力造成生活困难,正在接受社会救济,或者家庭生产经营难以为继的;十一是其他需要救助的。

关于执行救助的发放标准,笔者主张参照执行标的金额大小,同时确定救助的最低与最高额度。具体设想是,在执行标的金额的 5%～20% 之间,最低为当地 1 个月的最低生活保障费,最高不超过 24 个月。

第三,关于执行救助金的发放程序。发放救助基金有两种方式,一是依申请执行人申请,二是由人民法院主动发放。申请执行人申请执行救助的,应当提交书面申请并提交下列材料:生效法律文书;身份证明;户口本;当地政府的派出机构或办事处、村委会出具的能证明其生活特困的证明。由执行人员对申请人的资格、案件类型、申请人"生活困难"的条件进行严格审查。认为符合条件的,交由法院的执行救助办公室确定救助款数额并及时发放。

人民法院的执行人员发现申请执行人确需救助的,应当主动告知申请执行人有申请执行救助金的权利并要求其提供相应的证明材料(生效法律文书;身份证明;户口本;当地政府的派出机构或办事处、村委会出具的能证明其生活特困的证明),执行人员将上述证明材料移送执行救助基金办公室审查后决定发放数额。

第四,相关配套制度。一是确立执行救助基金追偿制度。申请执行人获得救助后应书面承诺放弃与其所接受执行救助基金金额相应的赔偿款,在被执行人恢复履行能力后由人民法院执行代位追偿,然后将执行到位后的赔偿款补充到执行救助基金中。二是对骗取执行救助金的制裁制度。民事执行救助是为解决申请执行人生活困难而设立的救助制度,应该保障将救助金发放给确实需要救助的申请人。因此,对于以各种方式骗取执行救助基金的申请人,应该采取一定的制度措施。具体而言,对骗取执行救助金的人,可依《民事诉讼法》第102条之规定,以妨害民事诉讼行为论,处15日以下拘留,最高一万元以下罚款。对骗取执行救助金情节严重的,可依照《刑法》第266条的诈骗罪来追究刑事责任。

第二节 能动司法与主动执行[①]

所谓主动执行,是指人民法院秉持能动司法与主动执行之理念,对已

---

① 王杏飞:《能动司法与主动执行》,载《法学评论》2011年第5期。

经生效并超过履行期限且具有执行内容的民事法律文书,在债务人没有自觉履行且征得债权人同意的前提下,由法院的执行机构主动启动执行程序,并积极采取各种有利于案件执行的措施,以确保生效民事法律文书确定的债权及时得到实现的制度。

主动执行的"主动"贯穿于执行的全过程。具体而言,在执行程序启动环节,对业已生效并超过履行期限且债务人没有自觉履行的法律文书,在事先征得债权人同意的前提下,由审判庭主动移送执行庭立案执行,无须等待债权人另行申请。在执行过程中,执行机构根据案件的具体情况,主动采取合适的执行方式,积极推动执行进程,以最大限度地保障执行到位。有论者曾将主动执行概括为"四主动",即主动告知、主动征询、主动启动与主动推进。主动告知是指在审判程序的案件立案阶段,立案庭向当事人送达"诉讼须知"时即主动告知日后对符合主动执行的案件,经权利人同意,法院将直接启动执行程序而无须权利人申请。主动征询是指在结案阶段,审判庭向当事人送达文书时,主动征询当事人是否同意由法院主动执行。主动启动是在执行立案阶段,权利人同意由法院主动执行的,在裁判文书生效并过履行期限后,义务人尚未履行的,法院将主动启动执行程序,由审判庭直接办理执行立案手续。主动推进是指在执行程序中,法院主动开启调查、控制、处分被执行人的财产等相关程序,穷尽执行手段,尽量实现债权人的权利。① 笔者认为,在立案阶段,裁判结果尚未可知,此时"主动告知"有"先入为主"之嫌,既缺乏客观的基础,又可能对某方当事人形成不当"威慑",有失公允,因此不宜推行。至于审理过程中的"主动征询",虽然具有一定的合理性,但此时案件尚未进入执行程序,"主动征询"在性质上也不属于执行行为,因此难以归入主动执行范畴。而"主动启动"与"主动推进"均是在民事执行阶段人民法院采取的积极手段与主动措施,是名副其实的"主动执行"。如对具备履行条件而拒不履行债务的义务人主动采取限制出境、在媒体上公开曝光、在征信系统中记录欠债信息以及法律规定的其他措施,督促其履行义务。对暂不具

---

① 参见从化市人民法院课题组:《关于完善主动执行机制的调研报告》,载《广州审判》2011 年第 1 期。

备履行条件的,应主动引导当事人达成和解协议;案件因各种干预而难以执行或者可能影响社会稳定的,则启动执行联动机制来加以解决。

由上可知,主动执行的"主动"不是法院的盲动与乱动,而是在遵循司法规律,充分尊重权利人意志的前提下,由人民法院主动征求权利人意见,积极采取执行措施,以最大限度地保障生效法律文书确定的权利得以实现,是"被动基础上的主动",是值得肯定的"能动"。

1. 主动执行的根据

第一,执行行为本身即具有主动性。我国通说认为,民事执行权是国家权力的一种形式。[①] 但对民事执行权应当如何定性,大致存在三种不同的观点:[②] 一是司法权说。认为执行行为是国家司法机关实施的强制行为。我国的民事执行由法院实施,因此民事执行权是司法权。二是行政权说。该说认为,执行行为的目的不是解决当事人之间的民事纠纷,而是实现生效裁判文书所确定的权利。执行权具有主动性、非审判性,执行追求迅速、及时和连续性,与以被动性、中立性、裁判性为主要特点的司法权存在重大区别。从实践来看,法院在执行程序中主要实施的是具有行政权属性的行为,因此执行权是行政权。三是折中说。认为在民事执行中包含了两种不同性质的行为——执行行为与执行救济行为。前者是执行机构依据执行名义采取查封、扣押、冻结等措施强制债务人履行,具有主动性、非中立性、非平等性等行政权的特点。后者涉及的是执行程序中的争议,是为解决争议而实施的行为,同样具有司法权的被动性、中立性、平等性之要求。因此,执行行为本身具有行政权的属性,而执行中的救济行为则具有司法权的属性。

笔者基本赞成第三种观点。司法权说是以我国现行的执行制度为依据的一种认识。其基本的理论逻辑是,人民法院是行使国家司法权的机关,而民事执行程序与诉讼程序均规定在民事诉讼法中,执行权由法院来

[①] 大致有三种不同的观点,一是债权人说;二是国家权说;三是折中说。参见沈德咏、张根大:《中国强制执行制度改革——理论研究与实践总结》,法律出版社2003年版,第77页。

[②] 参见赵钢等著:《民事诉讼法》(第二版),武汉大学出版社2010年版,第22章;谭兵、李浩主编:《民事诉讼法学》,法律出版社2009年版,第22章。

行使,因此执行权是司法权。但民事执行权不一定非要由法院来行使,执行程序也可以不规定在民事诉讼法中,因此这种观点并不具有充分的解释力与说服力。行政权说认识到了执行行为所具有的行政属性,但却忽略了执行救济行为所具有的司法权属性,因此存在以偏概全的不足。折中说则正确区分了执行行为与执行救济行为的不同性质,有利于从理论上把握两种不同行为的差异,在制度上更好地优化审判权与执行权的配置,即审判职能由审判机构来处理,执行职能由执行机构来实施。从实践来看,强制执行行为中的"调查被执行人的财产、送达有关法律文书、指令协助执行单位进行协助执行、公告、督促被执行人履行义务等等,这些工作所体现的职权不是司法权,而是行政权"。①

域外强制执行的制度与实践也支持这一观点。如日本《强制执行法》规定,"民事执行,根据申请,由法院或者执行官实施。""当执行官执行职务受到抵抗时,可以采取强制措施排除其抵抗,或者请求警察予以协助。"②德国的执行行为也被当成行政活动来看待。审判与执行是分离的,执行机构负责实施执行,执行中的实体问题则由执行标的所在地的法院管辖。在执行活动中,法院仅仅是协助执行的机关之一,警察也会依法协助执行。③法国从1993年起实施执行法官与司法执达员制度。司法执达员不是法院的工作人员,而是负责执行的司法助理人员,对执行事务具有垄断权。④依据《俄罗斯联邦执行程序法》的规定,俄罗斯联邦司法警察和俄罗斯联邦各主体司法局的司法警察负责强制执行法院裁判和俄罗斯联邦其他机关的裁决,司法警察归俄罗斯联邦司法部序列。⑤美国的执行工作由地方或联邦执行官来完成。联邦司法部内设联邦执行官署

---

① 沈德咏、张根大:《中国强制执行制度改革——理论研究与实践总结》,法律出版社2003年版,第83页。
② 白绿铉编译:《日本新民事诉讼法》,中国法制出版社2000年版,第205页。
③ 参见叶萦:《论民事强制执行中的财产调查权》,载《环球法律评论》2011年第1期。
④ 参见[法]让·文森等著:《法国民事执行程序法要义》,罗结珍译,中国法制出版社2002年版,第32页。
⑤ 参见张西安等译:《俄罗斯联邦民事诉讼法、执行程序法》,中国法制出版社2002年版,第186页。

(United States Marshals Service),联邦执行官署的最高领导为执行法官总监,由总统根据参议院意见任命。地方执行官由公众选举产生。可见,执行权也是行政权。① 综上所述,对于民事强制执行程序中的执行行为,可以认定其具有行政权的属性,应该具有一定的主动性。

第二,现行法律上的相关规定。我国现行《民事诉讼法》第212条第1款规定:"发生法律效力的民事判决、裁定,当事人必须履行。一方拒绝履行的,对方当事人可以向人民法院申请执行,也可以由审判员移送执行员执行"。由此可见,在我国的民事诉讼中,人民法院可以不待当事人申请而主动将生效裁判依职权移送执行。根据1998年最高人民法院发布的《关于人民法院执行工作若干问题的规定(试行)》(以下简称《执行规定》)第19条第二款的界定,可由审判员移送执行的生效法律文书具体包括以下三种:(1)发生法律效力且具有给付赡养费、扶养费、抚育费内容的法律文书;(2)民事制裁决定书;(3)刑事附带民事判决、裁定、调解书。

有学者十分深刻地指出,"依据基本的民诉法理,人民法院制作的生效法律文书所确认的民事权利属于当事人可自行处分的私权,故在义务人不履行给付义务时是否申请人民法院强制执行,理应由权利人自己决定。就此而言,民事执行程序之开启乃应以当事人提出执行申请为前提。但若仅将当事人申请执行作为开启执行程序的唯一方式,显然不能满足我国民事执行工作的实际需要,且会给人民法院民事执行工作的开展和当事人合法权益的保护带来不利影响。而确立移送执行制度,将其作为我国民事执行程序的例外启动方式,则不仅能在一定程度上克服上述缺陷,而且有利于及时实现特定类型案件中当事人的合法权益。细究《执行规定》第19条之内容,可以看出,能够适用移送执行机制的案件基本上限于和当事人基本生活最为密切且若不及时执行将会严重危及当事人基本生存的案件,这显然是符合设置移送执行机制之宗旨的。"②

---

① 参见徐美君:《比较司法制度》,中国人民公安大学出版社2010年版,第298~299页。

② 赵钢:《"能动司法"之正确理解与科学践行——以民事司法为重心的解析》,载《法学评论》2011年第2期。

第七章　能动司法与民事执行

民事诉讼法关于"可以由审判员移送执行员执行"的规定,蕴含着主动执行与能动性的因子。主动执行正是在依据上述法律与司法解释的相关规定,遵循民事执行法理的基础上所作的重大创新。首先,执行程序的启动是在征得权利人同意的前提下进行的,因此主动执行并不违背当事人的意思自治。其次,主动执行是以更为积极、更加快捷的方式来推进执行程序,以最大限度地实现生效裁判所确定的权利。《民事诉讼法》第216条第2款规定:"被执行人不履行法律文书确定的义务,并有可能隐匿、转移财产的,执行员可以立即采取强制执行措施。"执行人员通过及时采取强制措施,可以有效防止和避免债务人转移财产,从而保障债权人权利的实现。最后,启动执行程序之后,对需要采取查封、扣押、搜查等所有强制措施时,并不以当事人申请为前提,而应由法院迅速及时、积极主动而为之。

第三,解决"执行难"的现实需要。严格来说,"执行难"是指被执行人有履行能力,但由于种种原因却得不到执行的情形。因此,我们不能把所有"拿不到钱"的情形都称为执行难,而应当将"执行难"与"执行不能"合理区分开来。当前的"执行难"具体表现为"四难",即被执行人难找、被执行人财产难寻、应执行财产难动、协助执行人难求。尽管"执行难"是社会问题的综合反映,彻底解决"执行难"有赖于我国政治文明的逐步发展,市场经济体制的进一步健全,全社会法制观念的进一步增强以及国家各项管理制度的进一步完善,但在当前,通过主动执行制度来强化执行措施,加大执行力度,仍不失为有力缓解"执行难"的一剂良方。

主动执行强化了法院的财产调查权,有利于解决财产难寻的难题。但在实践中还存在一些错误的认识,如有人根据现行《民事诉讼法》第64条规定的"谁主张谁举证"的原则,以及第233条规定的申请人在发现有其他可供执行的财产时的随时请求执行权,认为申请执行人应负提出证据证明被申请人有履行能力的责任,[①]并认为申请人负举证责任可以防止当事人无理缠诉,有利于提高执行效率,是解决执行问题的有效手段。

---

① 参见程方伟:《对申请执行人举证责任的思考》,载《人民法院报》2002年2月17日。

对此有人认为,这"在理性上,可能是受审判方式改革的影响,将强化当事人举证责任的经验移植到执行工作中,也可能是诉讼模式由职权主义向对抗主义靠拢之趋势在执行领域的反映。"① 然而,上述观点是难以成立的。首先,如前所述,执行行为具有行政的属性,执行机构应该积极主动为之。其次,执行程序启动后,除申请人明确表示放弃权利外,执行机构始终是程序进程的主导,无论是调查取证,还是执行措施的选择与运用,以及执行的中止与终结,都是依执行机构的单方判断而作出,因而当事人只是依法定义务被动地接受协助和配合,当然也就谈不上举证责任的承担问题。最后,要求权利人承担举证责任产生了相当大的弊端:一是直接侵害了申请人的合法权益,极可能使其求偿权落空;二是为执行机构怠于履行职责提供了合理的借口;三是放纵了债务人的赖债行为,阻碍了商品交易的正常运行。

主动执行通过建立执行联动机制、执行威慑机制、强化执行措施等来促进、督促债务人履行义务。如案件因各种干预难以执结或者涉及社会稳定需要协调的,执行法院应主动报请党委政法委督办或者召开执行联席会议启动执行联动机制以求解决。② 对有履行能力而拒不履行的被执行人,法院应主动采取限制出境、在媒体上公开曝光、在征信系统中记录欠债信息以及法律规定的其他措施。对被执行人恶意逃避债务的,法院应主动对其适用妨害民事诉讼的强制措施。对拒不履行生效法律文书确定的义务或协助执行义务的党员干部,法院应主动将有关情况向相关纪检、监察部门通报。

从实践效果来看,主动执行在相当程度上化解了"执行难"的困局,实现了法律效果和社会效果的有机统一。如广州市从化法院自2009年2月1日起实施主动执行机制以来,执行到位率从2008年的35.2%提高到了70.7%,执行和解率从6.53%提高到了59.67%,执行周期从平均

---

① 沈德咏、张根大:《中国强制执行制度改革——理论研究与实践总结》,法律出版社2003年版,第83页。

② 参见张文显:《诉讼社会境况下的联动司法》,载《法制资讯》2010年第10期。

120 天缩减为平均 60 天,执行投诉率也明显减少。[①] 另据相关统计,广东省三级法院在主动执行制度全面实施的 2010 年 1 月至 9 月,执行收案近 20 万件,执结标的金额提高了 53.83%;未结案件下降了 29.42%;实际执行率从 2009 年的 55.85% 上升到 74.94%。主动执行为破解"执行难"发挥了重要的作用,在提升执行效率等方面成效显著。[②]

2. 主动执行制度之构建

第一,要明确主动执行适用的范围。主动执行应该适用于已经生效并超过履行期限、债务人没有自觉履行的法律文书。具体而言,应当包括一审、二审和再审生效的具有民事执行内容的判决书、裁定书、调解书以及支付令。对于生效法律文书确定分期履行的案件,法院在征得债权人同意后,对首期债权主动执行后,债务人对剩余各期仍不自觉履行的,人民法院不宜直接主动执行,而应征得债权人同意方可再次主动执行。

第二,规范主动执行程序的启动方式。主动执行程序的启动,原则上必须征得债权人的同意。即除了根据 1998 年最高人民法院发布的《关于人民法院执行工作若干问题的规定(试行)》第 19 条第二款规定的三类法律文书之外,其他法律文书的主动执行均应以债权人同意为前提。如果法院不顾债权人的意愿而"一厢情愿"地主动,就是直接干涉与侵害权利人的处分权,可能产生适得其反的后果。至于同意的方式,法院秉持便民为民的理念,可以充分发挥能动性,采取灵活多样、积极主动的方式。如广东省高级人民法院在《关于在全省法院实行主动执行制度的若干规定(试行)》中规定,"立案庭在受理民事诉讼或者刑事附带民事诉讼案件后,应当在送达有关立案文书的同时向当事人一并送达《主动执行告知书》,对主动启动执行程序的有关情况予以书面说明。""案件宣判时,审判庭应当识别宣判的法律文书是否有可执行内容。有可执行内容的,应当在宣判时征询债权人意见,一旦法律文书生效,债务人没有按期履行,是否同意由人民法院主动启动执行程序。债权人同意的,应当在《主动启动执行

---

① 参见邹耀广、吴飞龙:《主动执行机制下对申请执行人举证的思考》,载《广东法学》2010 年第 4 期。

② 参见邓新建:《广东法院主动执行破解执行难》,载《法制日报》2010 年 10 月 21 日。

程序确认书》上签名确认;不同意的,由其按照申请执行程序主张权利。债权人未在《主动启动执行程序确认书》上签名确认的,视为不同意由人民法院主动启动执行程序。"①

第三,关于主动执行中的相关制度。一是被执行人报告财产制度。在执行程序中,被执行人应当按照法律和司法解释的规定向人民法院如实报告其财产状况,并且主动履行债务。事实上,也只有被执行人最清楚自己的财产状况。与此同时,人民法院应主动核实被执行人报告财产情况的真实性,对于拒绝报告或虚假报告的相关人员应依法主动采取处罚措施。而且在立法上可以考虑加大处罚的力度,使不如实报告财产的被执行人"得不偿失",从而形成足够的执行处罚威慑力,使被执行人"不得不"如实报告其财产状况。

二是执行机构调查财产制度。如果被执行人未如实报告财产或者所报告的财产不足以清偿全部债务,人民法院应主动对被执行人的财产情况进行调查,及时掌握被执行人可供执行的财产状况。在制度设计上,不应该要求申请执行人承担举证责任,而应该强化执行机构的调查义务。从现行立法来看,申请执行人并不具备调查被执行人财产状况的权利与手段,②只有执行机构才具有调查被执行人财产状况的能力。

三是提存执行制度。在执行实践中,确实存在义务人愿意履行,但权利人下落不明或故意不配合接受给付,以及义务人由于某些特殊原因不愿直接面对权利人的情形,而法定的申请执行期限达两年之久,且迟延履行需承担双倍利息,因此确有必要建立提存执行制度。即在出现上述情形时,由执行机构代为接受履行,权利人在一定时间内可以到执行机构领受。如"在一起工资纠纷案件,判决企业给付被其不当解聘的一名高管巨额赔偿金。判决生效后,该企业多次通知权利人前来领款未果,而判决指定的自动履行期限届满在即,该企业遂向法院咨询。法院不拘泥于需要权利人申请才能立案执行的常规,即主动立案执行,让该企业将应付款项

---

① 参见广东省高级人民法院《关于在全省法院实行主动执行制度的若干规定(试行)》第四条、第七条。

② 实践中有法院签发"调查令"要求有关部门协助调查,但收效甚微。

第七章 能动司法与民事执行

如数汇入法院执行款专户,由法院通知权利人前来领款。此外还在判决生效后主动提示义务人,敦促其及时履行或提存执行,以避免负担迟延履行的双倍利息"。① 这一做法取得了良好的法律效果与社会效果。

四是规范主动执行方式。执行机构在查找到被执行人可供执行的财产后,应当及时主动采取查封、冻结、扣押等控制措施;对已控制的被执行人财产及时进行变现、抵债等,以尽快实现生效法律文书确定的债权。如"在交通肇事赔偿案件中,肇事车辆常常被当场扣押用于调查取证,为了便于在将来生效判决得到有效执行,萝岗区人民法院与辖区内交警部门建立沟通机制,如对肇事车辆采取保全措施,而被申请人不能或不愿以等值价款赎回的,立即评估拍卖,保全价款。从而避免车辆长期被扣的物理性损失。据统计每年对近百辆车辆采取了保全价款的方式,既平等地保护了双方当事人的利益,又有效地发挥了物的效用。同时,针对审判实践中财产保全存在形式化甚至虚无化的现象,法院将财产保全的执行统由执行局办理,执行时不限于申请人提供的保全线索,而是积极运用各种执行措施,以足额保全为结案标准,使债权人合法利用公力救济手段维护自身权益。"②

五是建立主动执行的终结程序。主动执行不是法院"包打天下",也不是解决所有执行问题的"灵丹妙药",因此需要建立科学的执行终结机制。强制执行的实质是以法律的强制来保障生效裁判文书确定的权利得以实现。但权利最终能否实现以及实现的程度,"除了法院的执行力度和方法之外,最根本的还是取决于被执行人的履行能力"。③ 因此,对于被

---

① 余炳奎、张玲南:《萝岗法院六项制度推进主动执行》,http://www.gzcourt.org.cn/zfxw/zfxw.jsp? lsh=1815,访问时间:2013年2月26日。

② 余炳奎、张玲南:《萝岗法院六项制度推进主动执行》,http://www.gzcourt.org.cn/zfxw/zfxw.jsp? lsh=1815,访问时间:2013年2月26日。

③ 王治建:《论民事强制执行权运行模式的重构》,载《中国司法评论》2002年夏之卷。

执行人确无履行能力,并且执行机构已穷尽一切执行措施而无法实现债权的,①应该终结执行。② 对于在民事执行实践中各地法院实行的执行救助,即对执行案件中因被执行人确实缺乏或暂时缺乏履行法定义务的能力,而向无经济来源、生活又极度困难且需要进行救助的申请执行人(自然人)给予一定数额的资助的做法,③笔者认为,其在我国的现实国情之下虽是一种解决问题的实用主义思路,短期内也可能取得一定的成效,但法院毕竟是审判机构而不是救济机关,因此其合法性与正当性值得深思。

---

① 执行人员应该主动采取下列措施:在被执行人住所地、经常居住地、暂住地、工作单位等附近的金融机构查询被执行人的资金情况,或者在人民银行、信用卡发卡中心、银联公司、企业信用发布查询中心等单位查询被执行人的开户以及资金等情况;在被执行人的工作单位或者社会保险机构查询被执行人的收入或者离休金、退休金情况;在国土资源、房地产管理等部门查询被执行人所有的土地使用权、房屋所有权等情况;在工商、税务等部门查询被执行人的开办单位、注册资金、纳税及经营等情况;在交通运输及机动车船等管理部门查询被执行人所有的交通工具情况;在证券登记结算机构、证券公司、期货交易所、期货经纪公司等单位查询被执行人的证券、期货持有及交易情况;在注册商标、专利、著作权等登记管理机构查询被执行人所有的知识产权情况;在保险机构查询被执行人的投保情况;委托公安部门、被执行人所在地人民法院,或者通过协助执行工作网络等查找被执行人下落及相关信息;向可能掌握被执行人财产线索的其他单位和个人了解被执行人财产状况。参见《浙江省高级人民法院关于执行中穷尽措施的指导意见(试行)》。

② 据统计,进入执行程序的案件中,被执行人无财产的,占历年全国法院受理执行案件的30%以上。见黄文艺:《我国法院案件执行救助制度的实践与完善》,载《人民司法·应用》2010年第5期。

③ 有关部门对执行救助相当重视,如2005年中央政法委在《关于切实解决人民法院执行难问题的通知》中指出,"探索建立特困群众案件执行的救助办法。各地可积极探索建立特困群众案件执行的救助基金,对于双方当事人均为特困群众的案件,当被执行人无履行能力时,按一定程序给予适当救助,解决其生活困难,维护社会和谐稳定。"2007年最高人民法院在《关于为构建社会主义和谐社会提供司法保障的若干意见》中提出,"要建立特困群众执行救助基金,为他们实现债权提供便利和帮助"。周永康同志在2009年8月19日全国集中清理执行积案活动第三次电视电话会议上强调:"对于被执行人确实没有履行能力,而申请执行人为特殊困难群众的,可以通过建立国家救助体系、设立专项资金或者纳入社会保障体系予以解决。"2009年最高人民法院在《关于进一步加强司法便民工作的若干意见》中提出:"人民法院应当积极协调有关部门推进建立司法救助基金,严格依法做好诉讼费减缓免工作,加大对加害人无力赔偿、被执行人无财产可供执行的各类案件受害人以及其他涉诉困难群众的社会救助力度。"广东、云南、浙江、天津等地法院已经开始实施执行救助,但各地做法并不完全一致。

六是主动执行的相关配套机制。主动执行要发挥应有的作用,还需要建立相关的配套机制。从实践来看,各地法院在执行过程中业已探索出一些行之有效的举措,如在立案环节,立案庭在送达有关法律文书时一并向当事人送达主动执行告知书,对主动开启执行程序的有关情况作出书面说明。在案件审理过程中,人民法院主动引导当事人及时进行诉讼保全,并且尽可能查找和控制财产。在案件宣判时,对有执行内容的法律文书,人民法院主动征询债权人的意见,当债务人不按期履行时是否同意由法院主动启动执行程序。如此一来,通过尽早告知当事人申请执行、人民法院及时启动执行程序并迅速查控财产等有效措施,可以有效地保障主动执行制度真正发挥实效。

第三节　本章小结

主动执行并不违反司法的被动、中立原则,而是在尊重当事人意愿的前提下,简化权利人申请执行的环节,从而可以减少从判决到执行的中间环节,有利于及时实现已决债权,是值得肯定的能动司法方式。民事执行救助,从性质上来说应该属于社会保障的范畴,并不是人民法院审判、执行的职责。在当前的现实条件下,民事执行救助具有一定的合理性。但从长远来看,随着社会信用体系的健全,法院权威的提高以及社会保障制度的完善,民事执行救助将逐步退出。

第八章
能动司法与司法建议

按照辞典的解释,司法建议是"司法机关在办理案件过程中,遇损害国家、社会和其他公民合法权益的情形,但又不属于自己的权限范围时,向有关单位或个人提出的应当采取某种措施的具体建议"。[1] 在我国,司法机关并不是一个严格意义上的宪法概念,[2]但依据中央的有关文件,司法机关包括人民法院与人民检察院。因此,相应地,司法建议的发出主体也包括人民法院与人民检察院。在实践中,通常称人民法院出的建议为"司法建议",人民检察院发出的建议为"检察建议"。本书所指的司法建议特指人民法院发出的司法建议。依据我国司法建议的现状,可以将司法建议理解为,人民法院在具体案件的审判与执行过程中,针对案件所涉单位或相关部门在管理机制体制、工作方式方法等方面存在的问题,所提出的健全制度、规范管理、填补漏洞等方面的书面建议。人民法院作为审判机关,如果秉持司法克制的理念,则应该遵循被动、中立、消极的原则,实行"不告不理",一般不应主动介入和干预社会生活。然而,如果人民法院在具体案件的审理与执行活动中发现了涉案单位、相关部门或者政府机关在社会管理中存在的问题,不仅可以,而且也应该就该问题提出相关的建议,由此实现法院在一定程度上"主动"参与国家与社会事务管理,服务于国家与社会的政治任务与社会目标,是能动司法的一种有效方式。

---

[1] 《中华法学大辞典》(简明本),中国检察出版社2003年版,第598页。
[2] 现行宪法上只有"司法行政"的表述,并没有"司法机关"。

第八章 能动司法与司法建议

应该明确的是,发出司法建议不是人民法院行使审判权的方式,不是在履行解决纠纷的法定职责,而是在裁判案件之外对审判职能的延伸。如果运用得当,是有利于预防纠纷与化解风险的。有学者指出,司法建议是我国人民法院系统中长期存在的一项制度实践,是"人类理性应对制度困境的典范",①是在世界其他国家的司法体系中所未见的中国独创之举,是具有中国特色的制度。②

第一节 司法建议的形成与发展

新中国成立以后,废除了国民党的"六法全书",全面向苏联学习。司法建议制度在苏联的"法院批评"中可以找到原型。据德国比较法学家茨威格特的研究,在苏联,"如果在庭审过程中,发现本身并非案件当事人的某个企业、集体农庄或国家组织违反了法律或犯有错误,法院可以发出一项'特别指令'对违法或者错误行为加以批评;接受指令的人员必须在一个月之内向法院转告他们采取了怎样的措施去补救其过错。"③这就是所谓的"法院批评",即法院通过"特别指令"的形式批评当事人之外的其他主体的违法与错误行为,履行法院的法律监督职能。

20世纪50年代,我国在借鉴苏联"法院批评"制度的基础上初步形成了检察建议制度。1954年颁布的《中华人民共和国人民检察院组织法》第8条规定:"最高人民检察院发现国务院所属各部门和地方各级国家机关的决议、命令和措施违法的时候,有权提出抗议。地方各级人民检

---

① 刘武俊:《反思司法建议"石沉大海"的命运》,载《法制日报》2007年1月24日第3版。

② 例如北京大学法学院的姜明安教授认为,"司法建议是一项有中国特色的制度,我去过一些国家,几乎没有听说过这种司法建议制度的。"参见戴燕军:《司法建议何时走出尴尬境地》,载《中国审判》2007年第10期。

③ [德]茨威格特、克茨:《比较法总论》,潘汉典等译,法律出版社2003年版,第460页。

察院发现本级国家机关的决议、命令和措施违法的时候,有权要求纠正;如果要求不被接受,应当报告上一级人民检察院向它的上一级机关提出抗议。地方各级人民检察院发现国务院所属各部门和上级地方国家机关的决议、命令和措施违法的时候,应当报告上级人民检察院处理。人民检察院对于违法的决议、命令和措施,无权直接撤销、改变或者停止执行。对于人民检察院的要求或者抗议,有关国家机关必须负责处理和答复。"第9条规定:"人民检察院发现国家机关工作人员有违法行为,应当通知他所在的机关给以纠正;如果这种违法行为已经构成犯罪,人民检察院应当追究刑事责任。"上述规定中人民检察院提出的"抗议"、"纠正",其实就是人民检察院针对国家机关及其工作人员的违法行为提出的纠正与改正建议。至1982年,《最高人民检察院工作报告》中正式提出了"检察建议":"各级检察机关还通过办案,对一些机关、企事业单位在管理上存在的漏洞,及时提出建议,帮助发案单位采取措施,健全制度,加强管理,对预防违法犯罪起了一定的作用"。在法院系统,司法建议在20世纪60年代就比较成熟。① 1984年,《最高人民法院关于贯彻执行〈经济合同法〉若干问题的意见》第4条指出,"在审理经济合同案件中发现的犯罪和其他违法行为,要分别不同情况,采取不同方式认真处理。(一)对需要追究刑事责任的,分别转公安、检察机关侦查处理。(二)在本合同案件中有违法行为,但情节显著轻微,危害不大,尚不构成犯罪,仅须给予经济制裁的,一般可由人民法院直接处理;如须给予纪律处分,应转给当事人所在单位处理。(三)对于不属于法院管辖的违法乱纪问题,可转有关部门处理,但应同时提出司法建议,必要时还要将司法建议书抄送其上级主管机关和有关部门。""应同时提出司法建议"成为刚性的规定与要求。

伴随着改革开放的推进,维护社会稳定成为人民法院的重要政治任务。1991年,全国人大常委会发布了《关于加强社会治安综合治理的决定》,要求发动全社会的力量,综合运用多种手段进行综合治理,从源头上预防和减少违法犯罪,维护社会秩序,保持社会稳定。司法建议成为各级人民法院参与社会治安综合治理的有效手段与重要方式。"积极提出司

---

① 戴燕军:《司法建议何时走出尴尬境地》,载《中国审判》2007年第10期。

法建议,协助有关单位总结经验教训,堵塞漏洞,健全制度,完善防范机制,是人民法院扩大审判社会效果,推动社会治安综合治理……的一项重要举措。"①

进入 21 世纪以来,中国经济社会形势发生了显著变化,社会矛盾与社会问题凸现。2004 年 9 月 19 日,中国共产党第十六届中央委员会第四次全体会议上正式提出了"构建社会主义和谐社会"的概念。为了建设和谐社会,在认真总结我国法治建设的实践经验,借鉴世界法治文明成果的基础上,党中央提出了社会主义法治理念,司法工作必须为执法为民、服务大局。在这种背景之下,司法建议受到了空前的重视。为了延伸审判职能,实现审判的法律效果与社会效果的有机统一;维护社会稳定,促进和谐发展。2007 年,最高人民法院发布了《关于进一步加强司法建议工作为构建社会主义和谐社会提供司法服务的通知》,要求各级法院提高认识,既要高度重视司法建议工作,又要注意规范,保证司法建议的质量和效果。明确要求各级人民法院对在审判工作中发现的问题应及时向有关单位提出司法建议,不能一判了之。要注意提出建议的程序,保证及时、准确、合法。司法建议一般应由审判庭或有关职能部门提出,报院长或者分管副院长批准同意后,向有关单位送达。必要时,可抄送有关单位的主管部门或上级领导机关。更为重要的是,最高人民法院要求建立健全司法建议工作考评机制,将司法建议纳入年度工作考核体系。最高人民法院以正式文件的形式确立了司法建议工作制度。

为了推动司法建议工作更好地开展下去,进一步总结司法建议工作经验,规范司法建议的形式,增强建议的针对性与有效性,使之发挥更加重要的作用,最高人民法院于 2011 年 9 月启动了"第一届全国法院优秀司法建议"评选工作。为此,最高人民法院专门成立了"第一届全国法院优秀司法建议评选委员会",由 4 位院领导出任正副主任,20 个相关部门负责人担任成员,并设立了专门的评选委员会办公室。各高级人民法院积极响应,先后选送了 200 件司法建议,涉及各个司法业务领域,其中民商事类司法建议 86 件,行政和国家赔偿类司法建议 70 件,刑事类司法建

---

① 枫云、希军:《司法建议透视崇高使命》,载《检察风云》2003 年第 2 期。

议32件,综合及其他司法业务类司法建议12件。最高人民法院最终评选出60件"全国法院优秀司法建议",再从优中选优,评出"全国法院十大司法建议"。这些优秀司法建议为全国各级人民法院的司法建议工作提供了生动的范例与参考。

《关于进一步加强司法建议工作为构建社会主义和谐社会提供司法服务的通知》实施以来,人民法院的司法建议工作取得了一定的成效,但在实践中也存在司法建议不规范、不均衡、不管用的现象。为了进一步加强和规范司法建议工作,充分发挥人民法院的职能作用,深入推进社会矛盾化解、社会管理创新、公正廉洁执法三项重点工作,最高人民法院于2012年发布了《关于加强司法建议工作的意见》。在这个文件中,最高人民法院对司法建议工作有了新的认识与新的表述,将司法建议作为实现能动司法、延伸审判职能的重要方式。明确提出司法建议是人民法院的重要职责,是人民法院工作的重要组成部分,是充分发挥审判职能作用的重要方式;是人民法院深入推进三项重点工作,提升司法能力和司法公信力的重要手段。要通过司法建议来扩展人民法院的审判工作效果,以司法建议作为创新社会管理的切入点。同时,为司法建议工作提供了具体的制度规范。具体而言,一是明确要求人法院对审判执行工作中发现有关单位普遍存在的工作疏漏、制度缺失和隐患风险等问题,应当及时提出司法建议。并对需要提出司法建议的情形作了详细的列举,即:(1)涉及经济社会发展重大问题需要相关方面积极加以应对的;(2)相关行业或者部门工作中存在的普遍性问题,需要有关单位采取措施的;(3)相关单位的规章制度、工作管理中存在严重漏洞或者重大风险的;(4)国家利益、社会公共利益受到损害或者威胁,需要有关单位采取措施的;(5)涉及劳动者权益、消费者权益保护等民生问题,需要有关单位采取措施的;(6)法律规定的有义务协助调查、执行的单位拒绝或者妨碍人民法院调查、执行,需要有关单位对其依法进行处理的;(7)拒不履行人民法院生效的判决、裁定,需要有关单位对其依法进行处理的;(8)发现违法犯罪行为,需要有关单位对其依法进行处理的;(9)诉讼程序结束后,当事人之间的纠纷尚未彻底解决,或者有其他问题需要有关部门继续关注的;(10)其他确有必要提出司法建议的情形。二是将司法建议分为三种类型,即(1)针对个案中反映的具体问题制作的个案司法建议书;(2)针对某一类案件中反映的普遍性问题制作的类案司法建议书;(3)针对一定时期经济社会发展中存在的普遍性、系统性问题制作的综合司法建议书。三是规范了司法建议的制作格式,一般包括首部、主文和尾部三部分。首部包括:法院名称、司法建议书、司法建议书编号、主送单位(被建议单位)名称。主文包括:在审理和执行案件中或者相关调研中发现的需要重视和解决的问题,对问题产生原因的分析,依据法律法规及政策提出的具体建议,以及其他需要说明的事项。尾部包括:院印和日期。如需抄送被建议单位的上级机关、主管部门或其他有关部门的,应当列明抄送单位全称。四是规范了司法建议的制作与发送程序。明确了起草部门、监督指导部门与发送部门的职能分工,为司法建议的制作与发送建立了统一的规范,保障司法建议工作有序进行。五是建立了司法建议工作的保障机制。如要求上级人民法院加强对本辖区内人民法院司法建议工作的指导,确定司法建议工作日常管理机构,建立司法建议工作归口管理制度;组织司法建议经验交流活动,推荐优秀司法建议书,推广工作经验和方法等。①

第二节　司法建议的规范依据

目前我国关于司法建议的法律依据仅见于《民事诉讼法》第114条和《行政诉讼法》第65条。《民事诉讼法》第114条规定,"有义务协助调查、执行的单位有下列行为之一的,人民法院除责令其履行协助义务外,并可以予以罚款:(一)有关单位拒绝或者妨碍人民法院调查取证的;(二)有关单位接到人民法院协助执行通知书后,拒不协助查询、扣押、冻结、划拨、变价财产的;(三)有关单位接到人民法院协助执行通知书后,拒不协助扣留被执行人的收入、办理有关财产权证照转移手续、转交有关票证、证照或者其他财产的;(四)其他拒绝协助执行的。人民法院对有前款规定的

---

① 《关于加强司法建议工作的意见》。

行为之一的单位,可以对其主要负责人或者直接责任人员予以罚款;对仍不履行协助义务的,可以予以拘留;并可以向监察机关或者有关机关提出予以纪律处分的司法建议。"《行政诉讼法》第65条规定,"当事人必须履行人民法院发生法律效力的判决、裁定。公民、法人或者其他组织拒绝履行判决、裁定的,行政机关可以向第一审人民法院申请强制执行,或者依法强制执行。行政机关拒绝履行判决、裁定的,第一审人民法院可以采取以下措施:(一)对应当归还的罚款或者应当给付的赔偿金,通知银行从该行政机关的帐户内划拨;(二)在规定期限内不执行的,从期满之日起,对该行政机关按日处五十元至一百元的罚款;(三)向该行政机关的上一级行政机关或者监察、人事机关提出司法建议。接受司法建议的机关,根据有关规定进行处理,并将处理情况告知人民法院;(四)拒不执行判决、裁定,情节严重构成犯罪的,依法追究主管人员和直接责任人员的刑事责任。"

从适用范围看,《民事诉讼法》规定的司法建议仅针对以下两个方面的问题:一是有关单位拒绝或者妨碍人民法院调查取证,二是有义务协助执行的单位拒绝协助执行。《行政诉讼法》规定的司法建议则仅针对行政机关拒绝履行发生法律效力的行政判决、裁定的情况。从司法建议的接受主体来看,在民事执行中只限于有关单位的"监察机关或者有关机关",在行政诉讼中只限于"该行政机关的上一级行政机关或者监察、人事机关"。从建议内容上看,依据《民事诉讼法》司法建议只是建议给予"纪律处分",依据《行政诉讼法》则是建议有关机关进行相应处理。当然,基于国家权力分工的原则,人民法院是行使审判权的机关,无权代行其他机关的职责,司法建议仅仅是"建议"而已,是否接受司法建议则是有关机关的职权。就此而言,人民法院发送的司法建议不具有法律效力,确实是一种"柔性"司法。① 然而,实践中的司法建议并不局限于民事与行政领域。在有些地方,大量的司法建议是涉及刑事领域的。如2008—2010年三年中,广东省14个地市法院因刑事案件提出司法建议131件,主要关于未成年人犯罪、职务犯罪和侵占财产类犯罪。因民事案件提出73件,主要

---

① 卢向前:《宿城司法建议的柔性与刚性》,载《人民法院报》2013年3月3日。

第八章 能动司法与司法建议

涉及人身损害赔偿、物业管理、借款合同、劳动争议等案件。因行政案件提出71件,主要涉及行政处罚、拆迁、履责等案件。因执行案件提出49件,主要涉及合同类案件的执行问题。①

司法建议在最高人民法院发布的系列文件中也有所体现。如《关于执行中华人民共和国行政诉讼法若干问题的解释》(以下简称解释)第59条规定,判决撤销违法的被诉具体行政行为将会给国家利益、公共利益或者他人合法权益造成损失的,人民法院在判决撤销的同时可以向被告和有关机关提出司法建议。与《行政诉讼法》第65条中有关司法建议的规定相比,解释第59条的规定具有两方面的重大变化:一是将司法建议的发送对象扩大到被告,从而建立了人民法院与行政机关之间直接对话与交流的平台;二是将发送司法建议的时间提前到判决的同时拓宽了司法建议的适用范围。又如《关于行政诉讼撤诉若干问题的规定》(以下简称撤诉规定)第1条规定:"人民法院经审查认为被诉具体行政行为违法或者不当,可以在宣告判决或者裁定前建议被告改变其所作的具体行政行为。"依据这一规定,人民法院可以在行政判决或裁定作出之前,向行政机关发出司法建议。这是一个重大的变化,以往司法建议均是在判决或裁定作出之后才发出的。在当前的行政诉讼中,行政案件的协调解决成为一种非常重要的处理方式。如有研究指出,我国行政案件的非判决结案率远远高于判决结案率。下表是2007—2011年一审行政案件的处理方式。②

表 8-1

年份	一审结案数	判决结案数	百分比:%	非判决结案数	百分比:%	裁定驳回起诉数	百分比:%
2007	100683	28826	28.63	71857	71.37	9198	9.14
2008	109085	32460	29.76	76625	70.24	9086	8.33

---

① 《广东省高级人民法院关于加强和改进司法建议工作的调研报告》,载《人民法院报》2012年10月19日。
② 包万超《行政诉讼法的实施状况与改革思考》,载《中国行政管理》2013年第4期。

续表

年份	一审结案数	判决结案数	百分比:%	非判决结案数	百分比:%	裁定驳回起诉数	百分比:%
2009	120530	27270	22.62	93260	77.38	11004	9.13
2010	129806	37164	28.63	92642	71.37	10014	7.72
2011	136361	37107	27.21	99254	72.79	8849	6.5
合计	596465	162827	27.3	433638	72.7	48151	8.07

通过向被告行政机关发出司法建议,被告改变了不合法或者不适当的具体行政行为,从而可以终结行政诉讼,通过行政诉讼来"保障公民合法权益,促进依法行政"的目的也得到实现。又如《关于当前形势下做好行政审判工作的若干意见》第4条规定:"要高度重视司法建议工作。对于个案审理中发现的行政执法方面存在的问题,及时向有关行政机关提出改进意见和建议。对于政府决策和行政管理活动中出现的共性问题,书面报送当地党委人大和政府,为领导决策和改进工作提供参考。"再如,《关于依法保护行政诉讼当事人诉权的意见》第6条规定:"要建议政府和有关部门正确理解和评价行政诉讼败诉现象,修改和完善相关考评制度,防止和消除由此产生的负面影响。"这一规定将司法建议上升至为行政审判创造良好的外部环境的高度,其实质是要求人民法院在审判行政案件时争取政府的支持与理解。

第三节 司法建议的功能

1.解决纠纷。司法裁判的直接功能就是解决当事人之间的纠纷,从而恢复秩序与正义。然而,受制于多种因素,司法裁判的解决纠纷功能有时会受到影响。如依据既判力理论,人民法院的生效裁判只能约束当事人,并不能向案外人扩张。人民法院通过向有关主体发送司法建议,有时

第八章 能动司法与司法建议

可以弥补司法裁判的不足,扩大司法解决纠纷的功能。

案例1 位于北京五环路附近的中国人民解放军六一零九厂宿舍修建于1980年。2000年8月,五环路开始修建,因与该宿舍楼太近,施工期间的噪音给宿舍居民带来较大影响。道路通车后,尤其是五环路解除收费后,噪音更加严重。2005年,该宿舍2户居民向朝阳区人民法院提起环境污染损害赔偿纠纷,经审理,法院依法判令道路施工方为两户居民窗户上安装隔挡窗,在居民窗户一侧安装符合国家质量标准的消音屏障并分别赔偿两原告损失费各3000元。之后,解放军六一零九厂宿舍的另外111户居民提起相同诉讼。针对这一情况,朝阳区人民法院立案庭向道路施工单位发出《司法建议函》,建议该公司从大局出发,与政府一起做好维护稳定工作、妥善解决纠纷。

道路施工方高度重视法院的司法建议,多次召开专题会议,就赔偿方案、工作安排等进行研究,并随时向法院汇报工作进度。最终,该公司将111户居民、共计33.3万元的赔偿款全部交到法院,并在司法建议回函中表示:法院以诉前和解的方式解决其与居民间的纠纷有利于社会和谐,有利于建立企业的诚信,将充分尊重司法权威,在此前已生效司法判决所确立的原则基础上,按照法院司法建议,以诉前和解的方式解决与其他居民间的类似纠纷。111户居民均拿到了3000元的赔偿款。

在本案中,2户居民与道路施工方之间的纠纷与其他111户居民与道路施工方之间的纠纷具有同质性。在示范性诉讼制度立法缺位的情况下,朝阳区人民法院通过司法建议的方式,要求将前一诉讼的解决方案适用于后面的诉讼,无疑具有合理性,有利于减轻当事人的诉累,节约有限的司法资源,扩大了前一审判解决纠纷的功能。

案例2 福建省厦门市同安区人民法院在审理杨某某、叶某某诉不服同安区人口和计划生育局行政征收一案中发现,由于受"如果夫妻双方均为农村户口且只生育一个女孩的,可以再生育一个子女"的规定影响,许多户口原来在城市的夫妻为了多生育一个子女,将户口从城市迁到农村,由此导致了许多夫妻实际居住地在城市而户口却在农村,身份证上登记的地址或公安机关的户籍登记地址与实际居住地不一致的情况大量出现。同安计生局在对违反计生政策的夫妻进行处罚,采用留置送达的形式送达法律文书时，未严格按照法律规定执行。为提高计生局的行政执法水平，充分保障行政相对人的合法权益，同安法院于 2012 年 9 月 12 日向同安计生局发出如下司法建议。

厦门市同安区人口与计划生育局：

本院在审理杨小明、叶阿妮诉你局不服行政征收一案中，发现你局在适用留置送达方式送达法律文书时，未严格按照法律规定的条件、方式进行送达，需要加以整改：一、关于留置送达的前提条件。根据《中华人民共和国民事诉讼法》第七十九条的规定，只有受送达人或者受送达人的同住成年家属拒绝签收的前提之下，才能适用留置送达。二、关于留置送达的地址。根据《中华人民共和国民法通则》第十五条的规定，公民以他的户籍所在地的居住地为住所，经常居住地与住所不一致的，经常居住地视为住所。在杨小明、叶阿妮诉你局不服行政征收一案中，二人户口已于 2007 年 11 月 13 日迁移到厦门市同安区××村××号。而你局向该二人留置送达法律文书时，送达地址是厦门市同安区汀溪镇隘头村教师集资楼 501 室。鉴于杨某某、叶某某的经常居住地与住所并不一致，你局在送达相关法律文书之前，应当先向受送达人户籍所在地以及经常居住地之村民委员会调查取证，再按照查明的经常居住地进行送达。三、关于留置送达的形式。由于受送达人系拒绝签收，根据《中华人民共和国民事诉讼法》第七十九条的规定，你局应当邀请有关基层组织或者所在单位的代表到场，说明情况，在送达回证上记明送达人、见证人的身份、拒收的事由和日期，并由相关人员签名或者盖章，方可留置送达。四、新修改的《中华人民共和国民事诉讼法》（自 2013 年 1 月 1 日起施行）第八十六条规定："受送达人或者他的同住成年家属拒绝接收诉讼文书的，送达人可以邀请有关基层组织或者所在单位的代表到场，说明情况，在送达回证上记明拒收事由和日期，由送达人、见证人签名或者盖章，把诉讼文书留在受送达人的住所；也可以把诉讼文书留在受送达人的住所，并采用拍照、录像等方式记录送达过程，即视为送达。"自 2013 年 1 月 1 日起，你局在适用留置送达方式送达法律文书时，应严格按照上述法律规定进行送达。

送达问题，特别是留置送达，事关行政相对人的知情权、陈述权、申辩权等重要权利，在实践中易引发纠纷，应引起重视。

第八章 能动司法与司法建议

以上建议请研究处理,并将处理结果函告本院。

同安计生局对法院的司法建议高度重视,及时组织人员集中进行学习,召开会议进行研究,并提出了落实司法建议的具体意见。要求计生干部高度重视法律法规的学习,严格依法行政,依照《民事诉讼法》的规定适用留置送达。通过开展宣传、教育、业务培训等多种方式,提高了计生工作人员的执法水平。同安计生局向法院反馈意见说,群众投诉率明显下降。①

在本案的审判过程中,人民法院发现被告计生局的留置送达行为存在瑕疵,因此通过司法建议晓之以法。计生局的执法行为规范化水平得以提高,民众投诉率下降,减少了纠纷。

案例 3 1988 年以来,四川省为解决部分国有企业家居农村的老工人长期夫妻分居的老大难问题,对配偶及子女均系农村人口并居住在农村且符合规定条件的固定工人,经批准可在其家庭中择优换一名符合招工条件的子女到企业工作,并将其户口转为城镇非农业户口,而将换工老工人的户口换回农村,每月发给一定生活费并在其达到退休年龄时办理退休手续,发退休费。之后由于形势的不断变化,部分轮换工对土地承包经营权问题不满意,长期上访,甚至提起行政诉讼,要求按川府发[1992]24 文件规定享有土地承包经营权。2001 年 11 月 15 日,江阳区法院受理了原告何德富不服被告江阳区蓝田镇政府要求其退还承包地处理决定案,并于同月 20 日将起诉状副本送达给被告。该院在审理过程中发现,本案涉及国有企业轮换工能否享有第二轮土地承包经营权的问题,尽管被告在作出处理决定前已请示省政府,得到了同意的口头答复,但川府发[1992]24 号文件系正式的书面文件,对其规定作调整和修改也应以书面形式进行,否则被告作出的行政处理决定将会因证据不足被撤销。鉴于江阳区轮换工的数量较多,且分布范围较广,该案一旦判决撤销被告的行政处理决定,将影响江阳区甚至泸州市的第二轮土地承包工作,导致出现新的不稳定因素。因此,江阳区法院向被告提出司法建议,建议被告逐级书面请示省政府,对国有企业轮换工能否享有第二轮土地承包经营权的

---

① 安海涛:《司法建议促进计生局规范执法》,载《人民法院报》2012 年 11 月 29 日。

问题作出书面答复。被告采纳了该司法建议。2002年1月9日,江阳区政府紧急请示市政府,市政府又于同年2月20日紧急请示省政府。4月17日、18日,省政府领导批示同意省劳动和社会保障厅的意见,即换工回乡的老工人不应再享受二轮土地承包经营权和土地征用后的安置补助等费用;由于轮换工工作已近尾声,实行此项政策的企业已经很少,对24号文执行中的有关问题不宜再制定统一政策;对24号文执行中遇到的有关问题,由各市、州政府根据各地实际处理,不再向省级政府和部门请示;该意见印送各市、州政府。在江阳区政府提出请示后,江阳区法院于2002年1月28日中止了该案审理,5月29日恢复诉讼。6月3日,江阳区法院公开开庭审理了该案,当庭判决维持了被告江阳区蓝田镇政府的行政处理决定。①

江阳区法院审理上述行政案件时,向政府部门发送司法建议,国有企业轮换工不享有第二轮土地承包经营权。该司法建议经省政府领导批示同意作为今后四川省处理同类问题的依据,有效避免和解决了同类纠纷。

2. 预防纠纷。"社会冲突是与现实统治秩序不相协调的,严重的社会冲突都危及着统治秩序或法律秩序的稳定。诉讼的任务正在于为解决这些冲突,并为抑制后续冲突的发生提供一种常规性手段。"②特别是在当前,随着改革的不断推进,利益主体日趋多元,价值观念日益多样,我国进入了矛盾与纠纷的高发期。一些纠纷如果得不到及时有效的解决,真正实现"案结事了人和",就容易诱发群体事件甚至社会冲突。因此,人民法院秉承能动司法理念,在裁判的基础上,充分发挥自身掌握的信息优势,及时发送司法建议以提出专业、系统的解决问题的建议,预防类似纠纷的再度发生。

从实践来看,这类建议多表现为类案建议或宏观建议,主要通过以下方式提出:(1)对可能影响经济社会发展大局的某一类倾向性问题或可能引发群体性事件的共性问题,及时向有关部门发出司法建议,通过建章立

---

① 易晓东:《一条司法建议成为处理同类问题的依据》,载《人民法院报》2002年7月6日。

② 顾培东:《社会冲突与诉讼机制》,法律出版社2004年版,第17页。

制堵塞漏洞、做好处置预案来加以应对。如广州市中级人民法院民五庭在审理一批涉宗教团体租赁纠纷案件后,为避免判决后大量的原租户居住无着、无力交租并由此可能引发信访、上访等事件出现,第一时间向广州市政府发出司法建议书,建议市政府统筹协调相关职能部门,指导住户解决居住问题。(2)以"白皮书"、"蓝皮书"的方式将司法建议从个案层次提升至年度报告,通过对本行政区域类案总体状况的深度剖析,揭示其间存在的问题,进而在此基础上提出预防、减少和妥善处理同类争议的对策和建议。① 如广州市中级人民法院于2011年就发布了《广州劳动争议诉讼情况白皮书》,为市政府的科学决策与当事人的理性维权提供了有价值的参考与指引。

当然,也有法院针对个别违法主体发送司法建议,要求其改正违法行为。如天津市河东区人民法院在审理尚某诉人人乐商业有限公司食品索赔案时发现,被告的超市有数起类似案件均因食品质量或包装问题而被消费者诉至该法院要求十倍赔偿。因此,在审结尚某诉该公司的案件后,法院向该公司发送了要求其"加强食品安全管理"的司法建议书。② 又如北京市第二中级人民法院在审理某房屋诈骗案时发现房屋中介公司的管理存在漏洞,于是向涉案的房地产经纪公司发送了建议其"严格履行审核手续、严格房屋中介人员队伍管理、加强培训教育"司法建议。③ 再如,2008年下半年,徐州供电公司向法院起诉了多个"违法用电"被告,均因证据不足或取证瑕疵等问题,被法院驳回。针对供电公司在查处"反违法用电"案件时欠缺收集、保存违法用电证据的问题,徐州市鼓楼区人民法院向该公司建议,告知其如何依法收集相应证据,并对全公司稽查人员开

---

① 如浙江、上海、北京等地法院针对行政审判的特点将司法建议整理成"白皮书"形式,江苏法院建立了知识产权蓝皮书发布制度。参见罗东川、丁光宇:《我国能动司法的理论与实践评述》,载《法律适用》2010年第2、3期。陈艳、陈余泓:《司法建议力争"事事有回音、件件有着落"》,载《上海人大》2009年第8期。公丕祥:《坚持能动司法 依法服务大局——对江苏法院金融危机司法应对工作的初步总结与思考》,载《法律适用》2009年第11期。

② 张晓敏:《加强社会监管力度,杜绝食品安全隐患》,载《人民法院报》2012年3月1日。

③ 白波:《为促进二手房交易安全献策》,载《人民法院报》2011年9月22日。

展了"违法用电证据收集的讲座",取得良好的效果。一年之后,该公司法制办主任杨志强说:"自从法官来我们公司举办讲座,给我们提司法建议,公司再没有因取证瑕疵引发新的纠纷了。"①

如果说,人民法院通过个案审判来解决纠纷是"亡羊补牢"的事后救济方式,则通过司法建议来善意提醒相关主体加强管理、堵塞漏洞、提高法治意识以预防纠纷就是"未雨绸缪"的事先预防,是人民法院在履行审判职能之外参与社会管理,维护社会秩序的主动作为。

3. 督促执行。执行难是困扰我国司法现实的一大顽疾,在全社会引起了广泛关注。如前所述,通过发送司法建议来保证裁判文书内容的实现早已为我国立法所明文规定,但由于各种错综复杂的原因,效果还不理想。在行政裁判文书的执行实践中,一些法院通过向被执行人的上级机关或者主管部门发送司法建议,要求其督促被执行人依法履行义务。如《通州区人民政府关于本区国家行政机关进一步接受监督的意见》就明确要求:"当事行政机关应当自动履行人民法院生效裁判确定的义务。如果对方当事人因行政机关拒绝履行而申请法院强制执行,经核实确为行政机关超期未履行的,法院将以司法建议方式分别向被告单位的上一级行政机关以及区法制办、区监察局通报;如果在进入执行程序后仍拒绝履行的,法院将依法对单位及单位主要负责人或直接责任人员予以罚款处罚并以司法建议方式通报。对人民法院判决被告重新作出具体行政行为,而被告行政机关以同一事实和理由重新作出与原具体行政行为基本相同的具体行政行为的,因依法也属拒绝履行法院生效裁判情形,法院亦将提出司法建议。对行政机关胜诉案件、原告撤诉等非明确行政机关败诉案件和准予执行案件中具体行政行为中的合法性瑕疵及改进建议,向该行政机关以司法建议的形式提出,并向其上一级行政机关以及区法制办、区监察局等监督机关通报。人民法院在审理和执行行政案件中,发现违法犯罪行为的,将向公安机关、检察机关、行政监察机关提出司法建议并移送有关材料,建议依法处理。对上述各类司法建议,接受司法建议的机关

---

① 吴修新、周琪:《徐州鼓楼司法建议有效预防企业纠纷》,载《人民法院报》2009年11月19日。

第八章 能动司法与司法建议

要根据有关规定进行处理,并将处理情况告知人民法院。"通过行政机关的上级机关来进行监督,在实践中能产生较好的效果。当然,这也反映出司法的权威还有待进一步提高。

4. 教育功能。人民法院针对有关组织发送的司法建议,有时是为加强法治教育,增强公民的法治意识。如法院在审理了某汽车公司的流氓犯罪案件后,就向该公司的党委发出司法建议,要求其加强对职工的思想政治教育工作。① 又如北京市某法院在判决一起离婚案件后,对有过错的原告张某(某工厂新提拔的副厂长)所在单位发送了司法建议,建议对张某缺乏婚姻道德的行为"进行批评教育,并给予适当处分"。② 另外,近年来在审判实践中出现的"法官寄语"也是司法建议的另一种形式。法官寄语是法官在裁判文书后加上一段对本案当事人的劝解、教化之言,它不涉及案件的实质内容,但同样具有一定的现实意义。如在一起亲属之间因用水引发纠纷的案件裁判之后,法官在判决书后附上寄语:"区区用水、同室操戈,一拘一伤、身心疲惫;对簿公堂、已伤亲情;一朝诉讼、三番调解;年已不惑、奈皆坚拒,族中晚辈、如何效仿? 和谐社会、你我共创,望止息讼、握手言和、延续亲情!"③

5. 其他功能,如参与决策、完善相关制度。因不满南航公司"特价机票不得退改签"政策,北京女律师刘家辉将南航告上了法院,被法院一审判决败诉。审理此案的北京市朝阳区法院向中国民用航空局、南航公司发出司法建议函,就打折机票退改签的相关问题提出了司法建议。建议中国民用航空局制定统一的民用航空公司关于折扣机票更改、退票、签转规则方面的指导性文件,督促各民用航空公司根据中国民用航空局的指导性文件,重新修改、制定自己公司的折扣机票更改、退票、签转规则,并进行合理公示。同时建议南航公司对打折机票设置合理的改、退、签期限,并完善网上购票程序的提示方式。中国民用航空局回函表示接受司法建议,完善相关制度。针对伤残军人徐先生购半价票遭拒起诉南航一

---

① 北京市中级人民法院刑一庭:《司法建议好》,载《人民司法》1985 年第 5 期。
② 谭兵:《论人民法院的司法建议权》,载《现代法学》1986 年第 1 期。
③ 左崇年:《情理相融的"法官寄语"》,载《湖北日报》2009 年 11 月 22 日。

案审理中发现的问题,朝阳区法院向中国民用航空局发出司法建议,建议该局对定点销售优惠客票的规定适当完善并制定配套措施。国家民航局已回函表示,将积极督促航空公司对残疾军人优惠客票销售处设置情况的公示,更好地保障残疾军人的合法权益。①

第四节　本章小结

依据我国现行立法,人民法院行使审判权的方式主要是判决与调解,其形式载体为判决、裁定与决定。因此可以明确的是,人民法院发送司法建议不是行使审判权的方式,不是严格意义上的司法行为。当然,司法建议有其存在的历史原因与现实土壤,而且在实践中能发挥一定的积极作用。从一定意义上说,诉讼是反映社会矛盾与纠纷的晴雨表。经济社会发展过程中的一些问题,或迟或早会通过诉讼暴露出来。人民法院通过个案裁判与总结审判经验,可以及时发现社会治理中存在的漏洞与问题,预判可能出现的纠纷,从而及时提出应对的司法建议,这对促进行政机关依法行政,②保障公民的合法权益,预防纠纷的产生,均有一定的现实意义。同时,通过司法建议为人民法院与行政机关、社会组织之间的信息交流提供了平台。司法建议是人民法院主动提供的一种司法服务,对案件不是一判了之,而是在结案之后继续"为民司法"。司法建议是"柔性"的

---

① 黄洁:《伤残军人购票处设置将公示》,载《法制日报》2013年4月23日。
② 如《上海市人民政府办公厅关于认真办理司法建议和检察建议进一步规范行政行为的意见》(沪府办发[2010]35号)就明确要求各级行政机关要高度重视司法建议和检察建议的办理工作,将这项工作与本地区、本部门推进依法行政工作有机结合起来。要建立司法建议和检察建议回复制度,积极向司法建议和检察建议的制发机关回复办理情况,不断完善办理司法建议和检察建议的工作机制。

第八章 能动司法与司法建议

建议,不具有法律效力,是否采纳建议完全取决于接受司法建议的主体。① 因此,其功能与作用毕竟是有限的。而且,随着司法的进一步公开与透明,②司法建议的某些功能可能被替代或弱化。更重要的是,如果司法的公正性、权威性与公信力得到有效的提升,公民建立了对司法的信任,守法成为习惯;依法行政成为常态,则许多问题就不复存在,司法建议适用的可能性就会大为减少,司法建议得到尊重就是水到渠成的事。

---

① 如有人提出应该赋予司法建议以法律效力,马荣、韩俊:《论司法建议的法律效力》,载《人民司法》2011年第21期。中国人民大学法学院的汤维建教授就主张制定《司法建议法》,他曾提出"关于制定司法建议法的提案",参见柳小荷:《汤维建:把诉权写入宪法》,载《检察日报》2010年7月19日。

② 《最高人民法院裁判文书上网公布暂行办法》已经实施。

 结　　论

　　改革开放以来,我国的法治建设取得了举世瞩目的成就。随着改革的深入发展特别是社会主义市场经济的发展、依法治国基本方略的全面落实和公众司法需求的日益增长,司法制度迫切需要进一步的改革和完善。当前,司法改革的目标已经很清晰:保障人民法院依法独立公正地行使审判权,建设公正高效权威的社会主义司法制度,为维护公众的合法权益、维护社会公平正义、维护国家长治久安提供良好的司法保障。

　　司法改革必须坚持依法推进,严格以宪法和法律为依据,凡是与现行法律相冲突的,应在修改法律后实施。司法改革以维护与实现公平正义为基本价值取向。公平正义应当落实到每一起案件的办理过程中,体现在每一个司法行为上。

　　"能动司法"理念的提出与实践,是我国司法改革进程中的一个短暂现象。还没有来得及建立完整的理论体系与系统的制度规范,就由于多种因素而不再成为司法改革中的主导话语。司法的职责在于依法解决纠纷,司法权在本质上是判断权。人民法院只有认真履行宪法的职责,严格以现行法律为依据,审理好每一个案件,"让人民群众在每一个司法案件中都感受到公平正义",才能获得公众的认可与信任。法治的真正支柱是公众对司法的信任。信任以司法公正为必要前提。司法公正的实现需要周密的制度与良好的环境支撑,在这其中,落实宪法关于审判独立的规定是当务之急。人民法院切实履行好宪法所赋予的审判职责,实现司法公正,就是对建设社会主义法治国家的最大贡献。

主要参考文献

1. 最高人民法院编写组:《当代中国能动司法》,人民法院出版社 2011 年版。
2. 公丕祥:《当代中国能动司法的理论与实践》,法律出版社 2012 年版。
3. 公丕祥:《能动司法与社会管理创新》,法律出版社 2012 年版。
4. 最高人民法院编:《践行能动司法服务社会管理》,中国法制出版社 2012 年版。
5. 公丕祥主编:《能动司法的生动实践》,法律出版社 2012 年版。
6. 公丕祥等主编:《司法改革研究(2011 年卷)人民法院能动司法方式》,法律出版社 2012 年版。
7. 李辉:《论司法能动主义》,中国法制出版社 2012 年版。
8. 张延灿主编:《能动司法与机制创新》,厦门大学出版社 2011 年版。
9. 娄正前:《诉求与回应:当今中国能动司法的理论与实践》,法律出版社 2011 年版。
10. 最高人民法院编写组:《当代中国能动司法》,人民法院出版社 2011 年版。
11. 公丕祥:《人民法院能动司法制度建设初探》,人民法院出版社 2011 年版。
12. 沈德咏主编:《秋菊故乡新说法:能动主义司法模式理论与实践》,法律出版社 2010 年版。
13. 程红星:《WTO 司法哲学的能动主义之维》,北京大学出版社 2006 年版。
14. 王千华:《论欧洲法院的司法能动性》,北京大学出版社 2005 年版。
15. [美]沃尔夫:《司法能动主义:自由的保障还是安全的威胁》,黄金荣译,中国政法大学出版社 2004 年版。
16. [美]霍维茨:《沃伦法院对正义的追求》,信春鹰、张志铭译,中国政法大学出版社 2003 年版。
17. 潘维大、程法彰:《英美法导读讲义》,瑞兴图书公司 2003 年版。
18. 韩延龙、常兆儒编:《中国新民主主义革命时期根据地法制文献选编》(第 1 卷),

中国社会科学出版社,1984年版。

19. 侯猛:《中国最高人民法院研究——以司法的影响力切入》,法律出版社2007年版。

20.《中央人民政府法令汇编》(1951年),法律出版社1982年版。

21. 最高人民法院编:《践行能动司法 服务社会管理:十七在以来最高人民法院能动司法规范性文件专题汇编》,中国法制出版社2012年版。

22. 许士宦:《程序保障与阐明义务》,学林文化事业有限公司2003年版。

23. 张西安等译:《俄罗斯联邦民事诉讼法、执行程序法》,中国法制出版社2002年版。

24. 徐美君:《比较司法制度》,中国人民公安大学出版社2010年版。

25. 沈德咏、张根大:《中国强制执行制度改革——理论研究与实践总结》,法律出版社2003年。

26. 顾培东:《社会冲突与诉讼机制》,法律出版社2004年版。

27. 樊崇义:《刑事诉讼法实施问题与对策研究》,中国人民公安大学出版社2002年版。

28. 李祖军:《民事诉讼目的论》,法律出版社2000年版。

29. 毕玉谦:《民事证据法及其程序功能》,法律出版社1997年版。

30. 景汉朝主编:《司法成本与司法效率实证研究》,中国政法大学出版社2012年版。

31. 郑永流:《法学野渡——写给法学院新生》,中国人民大学出版社2010年版。

32. 最高人民法院研究室编:《走向法庭》,法律出版社1997年出版。

33. 冷罗生:《日本公害诉讼理论与案例评析》,商务印书馆2005年版。

34. 强世功:《法制与治理———国家转型中的法律》,中国政法大学出版社2003年版。

35. 信春鹰:《中国需要什么样的司法权力?》,载《环球法律评论》2002年第1期。

36. 公丕祥:《应对金融危机的司法能动》,载《光明日报》2009年8月6日、13日、27日。

37. 汪进元:《司法能动与中国司法改革的走向》,载《法学评论》2013年第2期。

38. 刘作翔:《中国的司法改革:问题与趋势》,载《甘肃政法学院学报》2012年第4期。

39. 周汉华:《论建立独立、开放与能动的司法制度》,载《法学研究》1999年第5期。

40. 公丕祥:《当代中国能动司法的意义分析》,载《江苏社会科学》2010年第5期。

41. 张军:《刑事审判理论研究的方向、目标、重点和方法》,载《人民司法》2009年第23期。

42. 苏力:《关于能动司法与大调解》,载《中国法学》2010年第1期。

43. 顾培东:《能动司法若干问题研究》,载《中国法学》2010 年第 4 期。

44. 郭士辉等:《探求能动司法的规律、规则和规范——"人民法院能动司法论坛"综述》,载《人民法院报》2010 年 5 月 12 日。

45. 陈金钊:《"能动司法"及法治论者的焦虑》,载《清华法学》2011 年第 3 期。

46. 陈金钊:《警惕司法能动主义》,《判解研究》2007 年第 1 辑。

47. 浙江省高级人民法院课题组:《国际金融危机背景下涉诉企业解困司法对策研究——以浙江法院实践为样本》,《法律适用》2009 年第 9 期。

48. 季卫东:《法律程序的意义——对中国法制建设的另一种思考》,载《中国社会科学》1993 年第 1 期。

49. 李浩:《民事判决中的证据失权:案例与分析》,载《现代法学》2008 年第 5 期。

50. 冯象:《诉前服务好——房山区人民法院的经验》,载《人民法院报》2011 年 6 月 16 日。

51. 信春鹰:《法律移植的理论与实践》,载《北方法学》2007 年第 3 期。

52. 公丕祥:《当代中国的自主型司法改革道路——基于中国司法国情的初步分析》,载《法律科学》2010 年第 3 期。

53. 顾培东:《中国法治的自主型进路》,载《法学研究》2010 年第 1 期。

54. 肖扬:《中国司法:挑战与改革》,载《人民法院报》2004 年 10 月 12 日。

55. 唐力:《在"强制"与"合意"之间:我国诉讼调解制度的困境与出路》,载《现代法学》2012 年第 3 期。

56. 张嘉军:《民事诉讼调解结案率实证研究》,载《法学研究》2012 年第 1 期。

57. 朱苏力:《关于能动司法与大调解》,载《中国法学》2010 年第 1 期。

58. 李浩:《调解归调解,审判归审判:民事审判中的调审分离》,载《中国法学》2013 年第 3 期。

59. 张卫平:《当事人主义与职权主义》,载《外国法学研究》1993 年第 1 期。

60. 张卫平:《民事诉讼基本模式:转换与选择之根据》,载《现代法学》1996 年第 6 期。

61. 张卫平:《事实探知:绝对化倾向及其消解》,载《法学研究》2001 年第 4 期。

62. 蔡彦敏:《对以事实为依据以法律为准绳原则的重新释读》,载《中国法学》2001 年第 2 期。

63. 董林华:《"以事实为根据"的提法质疑》,载《河北法学》1999 年第 3 期。

64. 陈景辉:《裁判可接受性概念之反省》,载《法学研究》2009 年第 4 期。

65. 江必新:《在法律之内寻求社会效果》,载《中国法学》2009 年第 3 期。

66. 张志铭:《中国司法的功能形态:能动司法还是积极司法?》,载《中国人民大学学报》2009 年第 6 期。

67. 柴发邦:《体制改善与完善诉讼制度》,中国人民公安大学出版社1991年版。

68. 江必新:《论司法自由裁量权》,载《法律适用》2006年第11期。

69. 史军:《水晶球案件孰是孰非》,载《北京青年报》2001年3月13日。

70. 刘作翔:《规范体系:一个可以弥补法律体系局限性的新结构体系》,载《人民法院报》2012年7月20日。

71. 蔡定剑、刘丹:《从政策社会到法治社会》,载《中外法学》1999年第2期。

72. 王胜俊:《能动司法是法院服务大局的必然选择》,载《人民法院报》2009年9月1日。

73. 张卫平:《民事诉讼"释明"概念的展开》,载《中外法学》2006年第2期。

74. 江伟主编:《中国民事诉讼法专论》,中国政法大学出版社1998年版。

75. 吴从周:《法律汉字译语与法律继受——以民事诉讼法上"听审请求权"之形成译语整合与"突袭性裁判禁止"之原始意涵诠释为例》,载《成大法学》第10期(2005年12月)。

76. 熊跃敏:《民事诉讼中法院释明的实证分析》,载《中国法学》2010年第5期。

77. 罗东川:《我国能动司法的理论与实践评述》,载《法律适用》2010年Z1期。

78. 从化市人民法院课题组:《关于完善主动执行机制的调研报告》,载《广州审判》2011年第1期。

79. 叶蓁:《论民事强制执行中的财产调查权》,载《环球法律评论》2011年第1期。

80. 赵钢:《"能动司法"之正确理解与科学践行》,载《法学评论》2011年第2期。

81. 程方伟:《对申请执行人举证责任的思考》,载《人民法院报》2002年2月17日。

82. 邹耀广、吴飞龙:《主动执行机制下对申请执行人举证的思考》,载《广东法学》2010年第4期。

83. 邓新建:《广东法院主动执行破解执行难》,载《法制日报》2010年10月21日。

84. 王治建:《论民事强制执行权运行模式的重构》,载《中国司法评论》2002年夏之卷。

85. 刘武俊著:《反思司法建议"石沉大海"的命运》,载《法制日报》2007年1月24日。

86. 戴燕军:《司法建议何时走出尴尬境地》,载《中国审判》2007年第10期。

87. 枫云、希军:《司法建议透视崇高使命》,载《检察风云》2003年第2期。

88. 卢向前:《宿城司法建议的柔性与刚性》,载《人民法院报》2013年3月3日。

89. 张晓敏:《加强社会监管力度,杜绝食品安全隐患》,载《人民法院报》2012年3月1日。

90. 白波:《为促进二手房交易安全献策》,载《人民法院报》2011年9月22日。

91. 吴修新、周琪:《徐州鼓楼司法建议有效预防企业纠纷》,载《人民法院报》2009年11月19日。

92. 北京市中级人民法院刑一庭:《司法建议好》,载《人民司法》1985 年第 5 期。

93. 谭兵:《论人民法院的司法建议权》,载《现代法学》1986 年第 1 期。

94. 左崇年:《情理相融的"法官寄语"》,载《湖北日报》2009 年 11 月 22 日。

95. 马荣、韩俊:《论司法建议的法律效力》,载《人民司法》2011 年第 21 期。

96. Stefanie A. Lindquist, Frank B. Cross: *Measuring judicial activism*, Oxford University Press, 2009.

97. Roosevelt, KermitIII, *The Myth of Judicial Activism: Making Sense of Supreme Court Decisions*, Yale University Press, 2006.

98. Arthur Selwyn Miller. *Toward increased judicial activism: the political role of the Supreme Court*, Westport, Conn.: Greenwood Press, 1982.

99. Holland, Kenneth M, *Judicial activism in comparative perspective*, New York,: St. Martin's Press, 1991.

100. Frank B. Cross and Stefanie A. Lindquist, The Scientific Study of Judicial Activism, 91 *Minnesota Law Review* 1752. 2006—2007.

致　　谢

　　衷心感谢导师信春鹰教授的悉心指导与无私关怀,感谢中国社会科学院法学研究所各位老师,特别是韩延龙教授、杨一凡教授、李林教授、吴玉章教授、刘仁文教授,中国政法大学的舒国滢教授。感谢武汉大学赵钢教授,感谢西南政法大学的常怡教授、田平安教授、廖中洪教授、唐力教授,感谢公法学科的各位老师以及法学院的领导与同事。感谢国家社会学科西政民事诉讼法学科对本书的出版资助。感谢厦门大学出版社甘世恒主任。感谢家人的支持和奉献。满怀感谢、感激与感恩,我将继续前行。

王杏飞
2014 年 6 月 16 日

图书在版编目(CIP)数据

能动司法的表达与实践/王杏飞著.—厦门:厦门大学出版社,2014.8
(西南政法大学民事证据规则系列)
ISBN 978-7-5615-5213-1

Ⅰ.①能… Ⅱ.①王… Ⅲ.①司法制度-研究-中国 Ⅳ.①D926

中国版本图书馆 CIP 数据核字(2014)第 202590 号

厦门大学出版社出版发行

(地址:厦门市软件园二期望海路 39 号 邮编:361008)
http://www.xmupress.com
xmup @ xmupress.com
厦门市明亮彩印有限公司印刷

2014 年 8 月第 1 版 2014 年 8 月第 1 次印刷
开本:720×970 1/16 印张:9.5 插页:2
字数:150 千字 印数:1~1 200 册
定价:35.00 元
如有印装质量问题请寄本社营销中心调换